科学家学术成长资料采集工程
中国工程院院士传记丛书

经年铸剑垂体瘤
史轶蘩 传

李乃适　朱惠娟　潘慧 ◎ 著

1928年	1946年	1949年	1954年	1983年	1992年	1996年	2013年
出生于广东江门	考入燕京大学	考入北平协和医学院	进入北京协和医院任住院医师	任北京协和医院内分泌科主任	"激素分泌性垂体瘤的临床及基础研究"获国家科学技术进步奖一等奖	当选中国工程院院士	在北京逝世

图书在版编目（CIP）数据

经年铸剑垂体瘤：史轶蘩传 / 李乃适，朱惠娟，潘慧著. -- 北京：中国科学技术出版社, 2024.8.
（老科学家学术成长资料采集工程丛书）（中国工程院院士传记丛书）. -- ISBN 978-7-5236-0817-3

Ⅰ. K826.2

中国国家版本馆 CIP 数据核字第 20249W8U01 号

责任编辑	何红哲
责任校对	邓雪梅
责任印制	徐　飞
版式设计	中文天地

出　　版	中国科学技术出版社
发　　行	中国科学技术出版社有限公司
地　　址	北京市海淀区中关村南大街 16 号
邮　　编	100081
发行电话	010-62173865
传　　真	010-62173081
网　　址	http://www.cspbooks.com.cn
开　　本	787mm × 1092mm　1/16
字　　数	191 千字
印　　张	13.25
彩　　插	2
版　　次	2024 年 8 月第 1 版
印　　次	2024 年 8 月第 1 次印刷
印　　刷	北京顶佳世纪印刷有限公司
书　　号	ISBN 978-7-5236-0817-3 / K·400
定　　价	88.00 元

（凡购买本社图书，如有缺页、倒页、脱页者，本社销售中心负责调换）

老科学家学术成长资料采集工程专家委员会

主　任：韩启德

委　员：（以姓氏拼音为序）

陈佳洱　方　新　傅志寰　李静海　刘　旭
齐　让　王进展　王礼恒　赵沁平

老科学家学术成长资料采集工程丛书组织机构

特邀顾问（以姓氏拼音为序）

樊洪业　方　新　谢克昌

编委会

主　编：老科学家学术成长资料采集工程领导小组办公室

编　委：（以姓氏拼音为序）

艾素珍　陈维成　定宜庄　董庆九　胡化凯
胡宗刚　吕瑞花　孟令耘　潘晓山　秦德继
阮　草　谭华霖　王扬宗　熊卫民　姚　力
张大庆　张　剑　张　藜　周德进

编委会办公室

主　任：董　阳　董亚峥

副主任：韩　颖

成　员：（以姓氏拼音为序）

高文静　胡艳红　李　梅　刘如溪　罗兴波
王传超　张珩旭　张佳静

老科学家学术成长资料采集工程简介

　　老科学家学术成长资料采集工程（以下简称"采集工程"）是根据国务院领导同志的指示精神，由国家科教领导小组于2010年正式启动，中国科协牵头，联合中组部、教育部、科技部、工信部、财政部、文化部、国资委、解放军总政治部、中国科学院、中国工程院、国家自然科学基金委员会等11部委共同实施的一项抢救性工程，旨在通过实物采集、口述访谈、录音录像等方法，把反映老科学家学术成长历程的关键事件、重要节点、师承关系等各方面的资料保存下来，为深入研究科技人才成长规律，宣传优秀科技人物提供第一手资料和原始素材。

　　采集工程是一项开创性工作。为确保采集工作规范科学，启动之初即成立了由中国科协主要领导任组长、12个部委分管领导任成员的领导小组，负责采集工程的宏观指导和重要政策措施制定，同时成立领导小组专家委员会负责采集原则确定、采集名单审定和学术咨询，委托科学史学者承担学术指导与组织工作，建立专门的馆藏基地确保采集资料的永久性收藏和提供使用，并研究制定了《采集工作流程》《采集工作规范》等一系列基础文件，作为采集人员的工作指南。截至2021年8月，采集工程已启动592位科学家的学术成长资料采集项目，获得实物原件资料132922件、数字化资料318092件、视频资料443783分钟、音频资料527093分钟，具有重要的史料价值。

采集工程的成果目前主要有三种体现形式，一是建设"中国科学家博物馆网络版"，提供学术研究和弘扬科学精神、宣传科学家之用；二是编辑制作科学家专题资料片系列，以视频形式播出；三是研究撰写客观反映老科学家学术成长经历的研究报告，以学术传记的形式，与中国科学院、中国工程院联合出版。随着采集工程的不断拓展和深入，将有更多形式的采集成果问世，为社会公众了解老科学家的感人事迹，探索科技人才成长规律，研究中国科技事业的发展历程提供客观翔实的史料支撑。

总序一

中国科学技术协会主席 韩启德

　　老科学家是共和国建设的重要参与者，也是新中国科技发展历史的亲历者和见证者，他们的学术成长历程生动反映了近现代中国科技事业与科技教育的进展，本身就是新中国科技发展历史的重要组成部分。针对近年来老科学家相继辞世、学术成长资料大量散失的突出问题，中国科协于2009年向国务院提出抢救老科学家学术成长资料的建议，受到国务院领导同志的高度重视和充分肯定，并明确责成中国科协牵头，联合相关部门共同组织实施。根据国务院批复的《老科学家学术成长资料采集工程实施方案》，中国科协联合中组部、教育部、科技部、工业和信息化部、财政部、文化部、国资委、解放军总政治部、中国科学院、中国工程院、国家自然科学基金委员会等11部委共同组成领导小组，从2010年开始组织实施老科学家学术成长资料采集工程。

　　老科学家学术成长资料采集是一项系统工程，通过文献与口述资料的搜集和整理、录音录像、实物采集等形式，把反映老科学家求学历程、师承关系、科研活动、学术成就等学术成长中关键节点和重要事件的口述资料、实物资料和音像资料完整系统地保存下来，对于充实新中国科技发展的历史文献，理清我国科技界学术传承脉络，探索我国科技发展规律和科技人才成长规律，弘扬我国科技工作者求真务实、无私奉献的精神，在全社会营造爱科学、学科学、用科学的良好氛围，是一件很有意义的事情。采集工程把重点放在年龄在 80 岁以上、学术成长经历丰富的两院院士，以及虽然不是两院院士、但在我国科技事业发展中作出突出贡献的老科技工作者，充分体现了党和国家对老科学家的关心和爱护。

自 2010 年启动实施以来，采集工程以对历史负责、对国家负责、对科技事业负责的精神，开展了一系列工作，获得大量反映老科学家学术成长历程的文字资料、实物资料和音视频资料，其中有一些资料具有很高的史料价值和学术价值，弥足珍贵。

以传记丛书的形式把采集工程的成果展现给社会公众，是采集工程的目标之一，也是社会各界的共同期待。在我看来，这些传记丛书大都是在充分挖掘档案和书信等各种文献资料、与口述访谈相互印证校核、严密考证的基础之上形成的，内中还有许多很有价值的照片、手稿影印件等珍贵图片，基本做到了图文并茂，语言生动，既体现了历史的鲜活，又立体化地刻画了人物，较好地实现了真实性、专业性、可读性的有机统一。通过这套传记丛书，学者能够获得更加丰富扎实的文献依据，公众能够更加系统深入地了解老一辈科学家的成就、贡献、经历和品格，青少年可以更真实地了解科学家、了解科技活动，进而充分激发对科学家职业的浓厚兴趣。

借此机会，向所有接受采集的老科学家及其亲属朋友，向参与采集工程的工作人员和单位，表示衷心感谢。真诚希望这套丛书能够得到学术界的认可和读者的喜爱，希望采集工程能够得到更广泛的关注和支持。我期待并相信，随着时间的流逝，采集工程的成果将以更加丰富多样的形式呈现给社会公众，采集工程的意义也将越来越彰显于天下。

是为序。

总序二

中国科学院院长 白春礼

由国家科教领导小组直接启动，中国科学技术协会和中国科学院等12个部门和单位共同组织实施的老科学家学术成长资料采集工程，是国务院交办的一项重要任务，也是中国科技界的一件大事。值此采集工程传记丛书出版之际，我向采集工程的顺利实施表示热烈祝贺，向参与采集工程的老科学家和工作人员表示衷心感谢！

按照国务院批准实施的《老科学家学术成长资料采集工程实施方案》，开展这一工作的主要目的就是要通过录音录像、实物采集等多种方式，把反映老科学家学术成长历史的重要资料保存下来，丰富新中国科技发展的历史资料，推动形成新中国的学术传统，激发科技工作者的创新热情和创造活力，在全社会营造爱科学、学科学、用科学的良好氛围。通过实施采集工程，系统搜集、整理反映这些老科学家学术成长历程的关键事件、重要节点、学术传承关系等的各类文献、实物和音视频资料，并结合不同时期的社会发展和国际相关学科领域的发展背景加以梳理和研究，不仅有利于深入了解新中国科学发展的进程特别是老科学家所在学科的发展脉络，而且有利于发现老科学家成长成才中的关键人物、关键事件、关键因素，探索和把握高层次人才培养规律和创新人才成长规律，更有利于理清我国科技界学术传承脉络，深入了解我国科学传统的形成过程，在全社会范围内宣传弘扬老科学家的科学思想、卓越贡献和高尚品质，推动社会主义科学文化和创新文化建设。从这个意义上说，采集工程不仅是一项文化工程，更是一项严肃认真的学术建设工作。

中国科学院是科技事业的国家队，也是凝聚和团结广大院士的大家庭。早在1955年，中国科学院选举产生了第一批学部委员，1993年国务院决定中国科学院学部委员改称中国科学院院士。半个多世纪以来，从学部委员到院士，经历了一个艰难的制度化进程，在我国科学事业发展史上书写了浓墨重彩的一笔。在目前已接受采集的老科学家中，有很大一部分即是上个世纪80、90年代当选的中国科学院学部委员、院士，其中既有学科领域的奠基人和开拓者，也有作出过重大科学成就的著名科学家，更有毕生在专门学科领域默默耕耘的一流学者。作为声誉卓著的学术带头人，他们以发展科技、服务国家、造福人民为己任，求真务实、开拓创新，为我国经济建设、社会发展、科技进步和国家安全作出了重要贡献；作为杰出的科学教育家，他们着力培养、大力提携青年人才，在弘扬科学精神、倡树科学理念方面书写了可歌可泣的光辉篇章。他们的学术成就和成长经历既是新中国科技发展的一个缩影，也是国家和社会的宝贵财富。通过采集工程为老科学家树碑立传，不仅对老科学家们的成就和贡献是一份肯定和安慰，也使我们多年的夙愿得偿！

鲁迅说过，"跨过那站着的前人"。过去的辉煌历史是老一辈科学家铸就的，新的历史篇章需要我们来谱写。衷心希望广大科技工作者能够通过"采集工程"的这套老科学家传记丛书和院士丛书等类似著作，深入具体地了解和学习老一辈科学家学术成长历程中的感人事迹和优秀品质；继承和弘扬老一辈科学家求真务实、勇于创新的科学精神，不畏艰险、勇攀高峰的探索精神，团结协作、淡泊名利的团队精神，报效祖国、服务社会的奉献精神，在推动科技发展和创新型国家建设的广阔道路上取得更辉煌的成绩。

总序三

中国工程院院长 周 济

由中国科协联合相关部门共同组织实施的老科学家学术成长资料采集工程，是一项经国务院批准开展的弘扬老一辈科技专家崇高精神、加强科学道德建设的重要工作，也是我国科技界的共同责任。中国工程院作为采集工程领导小组的成员单位，能够直接参与此项工作，深感责任重大、意义非凡。

在新的历史时期，科学技术作为第一生产力，已经日益成为经济社会发展的主要驱动力。科技工作者作为先进生产力的开拓者和先进文化的传播者，在推动科学技术进步和科技事业发展方面发挥着关键的决定的作用。

新中国成立以来，特别是改革开放30多年来，我们国家的工程科技取得了伟大的历史性成就，为祖国的现代化事业作出了巨大的历史性贡献。两弹一星、三峡工程、高速铁路、载人航天、杂交水稻、载人深潜、超级计算机……一项项重大工程为社会主义事业的蓬勃发展和祖国富强书写了浓墨重彩的篇章。

这些伟大的重大工程成就，凝聚和倾注了以钱学森、朱光亚、周光召、侯祥麟、袁隆平等为代表的一代又一代科技专家们的心血和智慧。他们克服重重困难，攻克无数技术难关，潜心开展科技研究，致力推动创新发展，为实现我国工程科技水平大幅提升和国家综合实力显著增强作出了杰出贡献。他们热爱祖国，忠于人民，自觉把个人事业融入到国家建设大局之中，为实现国家富强而不断奋斗；他们求真务实，勇于创新，用科技为中华民族的伟大复兴铸就了辉煌；他们治学严谨，鞠躬尽瘁，具有崇高的科学精神和科学道德，是我们后代学习的楷模。科学家们的一生是一本珍贵的教科书，他们坚定的理想信念和淡泊名利的崇高品格是中华民族自强不息精神的宝贵财富，永远值得后人铭记和敬仰。

通过实施采集工程，把反映老科学家学术成长经历的重要文字资料、实物资料和音像资料保存下来，把他们卓越的技术成就和可贵的精神品质记录下来，并编辑出版他们的学术传记，对于进一步宣传他们为我国科技发展和民族进步作出的不朽功勋，引导青年科技工作者学习继承他们的可贵精神和优秀品质，不断攀登世界科技高峰，推动在全社会弘扬科学精神，营造爱科学、讲科学、学科学、用科学的良好氛围，无疑有着十分重要的意义。

中国工程院是我国工程科技界的最高荣誉性、咨询性学术机构，集中了一大批成就卓著、德高望重的老科技专家。以各种形式把他们的学术成长经历留存下来，为后人提供启迪，为社会提供借鉴，为共和国的科技发展留下一份珍贵资料。这是我们的愿望和责任，也是科技界和全社会的共同期待。

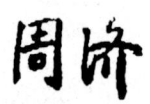

周济

史轶蘩

采集小组与史轶蘩的姐姐史轶漪合影（2014年）

采集小组与史轶蘩的妹妹史轶芳合影（2014年）

采集小组在广东江门院士大道与史轶蘩塑像合影（2012年）

采集小组对复旦大学中山医院内分泌科高鑫教授进行访谈（2013年）

序 一

史轶蘩院士是我国医学界较早致力于转化医学研究的代表。她带领内分泌科，联合神经外科、眼科、放射科等9个科室，历时14年完成了"激素分泌性垂体瘤的临床及基础研究"，1992年获得国家科学技术进步奖一等奖。该研究成果集中体现了她注重多学科协作、紧密结合临床需求开展基础研究、提高疾病诊治水平的转化医学研究思路。

史轶蘩院士具有深厚的科学素养，总能敏锐地捕捉到学科发展动向。她在国内率先开展了临床药理研究，是我国应用神经内分泌药物治疗下丘脑－垂体疾病的开拓者。在国内外发表医学论文200余篇，其主要研究成果被国内外同行广泛引用。由史轶蘩院士倾注大量心血主编的《协和内分泌和代谢学》，是国内该领域的鸿篇巨制，被广大同行视若宝典，极大地深化了国内同行对相关内分泌疾病的认识，提高了中国内分泌疾病诊治水平。

史轶蘩院士从医近60年，把毕生精力献给了她所钟爱的内分泌学事业。她医术精湛、治学严谨、博学审问、慎思笃行、为人正直、善于协作、乐于助人，她的治学精神与学术品格深得学界的敬仰，她以高尚的医德深受同事和患者的爱戴。她善于临床教学，注重言传身教和培养学生的独立思考能力，是北京协和医学院极受欢迎的授课老师。史轶蘩院士桃李满天下，由她指导和培养的许多名医学生、研究生、进修医师已成长为各地内分泌学科带头人。

史轶蘩院士的学术思想是北京协和医院乃至中国医学界不可多得的宝贵财富。在她的不懈努力和领导下，北京协和医院内分泌科一直保持国内一流的学术水平。1993年，国际著名的《临床内分泌与代谢杂志》（The Journal of Clinical Endocrinology & Metabolism，JCEM）刊出特稿，向全世界同行详细介绍北京协和医院内分泌科，将其誉为"内分泌学的殿堂"。史轶蘩院士致力于推动中国内分泌学科的国际化，创立了每两年一届的全球华人内分泌学者参加的国际华夏内分泌会议，为提高中国内分泌学科的国际学术地位发挥了重要作用，作出了巨大贡献。

史轶蘩院士一生热爱祖国、心系人民、孜孜不倦、追求卓越，呕心沥血、鞠躬尽瘁，其志可鉴、其德可颂。她深深植根于协和，将自己的智慧和才华全部无私地奉献给了祖国的医学科学事业，为中国内分泌学科的发展和人才培养作出了杰出贡献。她的学问、精神、品格和境界，是"严谨、求精、勤奋、奉献"的"协和精神"的真实写照，为后辈树立了学习的典范和楷模。

中华医学会会长
中国科学院院士
北京协和医院名誉院长
2024年3月

序 二

史轶蘩院士是我国临床内分泌学界的第一位院士，有人形容她是协和垂体协作组之"魂"。1954年，史轶蘩院士从北京协和医学院毕业后就留在了北京协和医院工作，从医近60年里，她把毕生精力都献给了内分泌学事业，由她总结开创的许多内分泌疾病诊疗方法为国内医院广泛采用，并造福广大患者。史轶蘩院士不仅是国内外著名的临床医学家、医学教育家，还在推进转化医学研究、医学教育、医院发展等多方面贡献卓著、建树颇丰，她的治学精神与学术品格深得学界敬仰，高尚的医德深受同事、患者爱戴。本书从内分泌学等视角出发，概述了史轶蘩院士的一生，较为全面地展现了她的学问、精神、品格、境界，亦是对"协和人""协和精神"的生动真实写照。

史轶蘩院士有着深厚的科学素养，总能及时、敏锐地捕捉学科发展动向，从20世纪70年代末，她几乎主导了垂体疾病领域所有的新药临床研究，对大力推进我国临床药理事业发展有着卓越贡献。由她主编的《协和内分泌和代谢学》作为国内该领域的鸿篇巨制，更被广大同行视若宝典。作为我国应用神经内分泌药物治疗下丘脑-垂体疾病的开拓者，史轶蘩院士在国内率先开展了临床药理研究，她也是北京协和医院临床药理中心的筹建者之一和第一任主任。史轶蘩院士眼光独到，在从医早期就撰写出探讨糖尿病新药苯乙双胍疗效的临床论文及综述，在1976年就注意到了针对罕见的肾上腺皮质癌所研发的"孤儿药"米托坦，并在期刊上发表了介绍这一重要治疗手段的研究综述。令人欣喜的是，米托坦这一罕见病特效药也于2019年在北京协和医院牵头和大力推动下，在相关政府部门、医疗机构、药企、患者等多方协作下，成功申请了特购，通过一次性进口方式进入中国市场，成为罕见病药物"破冰"的重要尝试，让罕见病患者再也不用"望药兴叹"。

史轶蘩院士的严谨、求精，以及对科学的敬畏，不仅体现在新药临床药理研究上，还体现在患者诊治、医疗工作等各方面各环节，她对患者的仔细观察、对临床问题的缜密思考，不仅让患者获益，更影响了众多学生与同事，也让许多外国专家肃然起敬。1993年，国际著名的《临床内分泌与代谢杂志》更是特别撰文，向全世界同行详细介绍北京协和医院内分泌科，将其誉为"内分泌学的殿堂"。与此同时，史轶蘩院士还参与了我国临床药理学科的系列政策、指南、标准制订，对学科整体水平提升起到了广泛而深远的影响，为协和临床药理中心蓬勃发展奠定了坚实基础。

"不怕疑难病例"是很多协和医生的"共性"，这是一种自信，更是一种担当，史轶蘩院士亦是如此。她一直十分关注罕见病的研究，在北京协和医院内分泌科，罕见病患者的数量和种类之多，几乎要达到"常见"的趋势。自1958年北京协和医院内分泌科正式创立以来，罕见病研究也自然而然地成为该科的学术传统。史轶蘩院士从跟随著名的内分泌学专家刘士豪教授进入内分泌组开始，便终生投入于内分泌专业、疑难罕见病研究，尤其是垂体作为人体内最为复杂的内分泌腺，要想攻破一个个医学难题，必须付出鲜为人知的艰辛。多年辛勤努力终结硕果，1989年起，以史轶蘩院士为主要完成人的关于男性性腺功能减退症的诊治、激素分泌性垂体瘤的临床及基础研究等相继获得了卫生部级和国家级科学技术进步奖，这些绝大多数都是罕见病。可以说，对于特殊患者、罕见病的高度重视，不仅体现在史轶蘩院士的临床科研中，也体现在她的临床教学上，她常把罕见病例作为重要的考察内容应用在病房教学里，对学生开展"苏格拉底式提问"，以此带动住院医师等将学习知识融会贯通，达到事半功倍的教学效果。她也是北京协和医学院极受欢迎的授课老师，为年轻一代的医疗科研工作指明了方向、奠定了深厚的基础，也带领着我国内分泌学科从落后的状态赶上甚至达到国际先进水平。

史轶蘩院士一生热爱祖国、心系人民、医术精湛、治学严谨，在内分泌学临床及基础研究领域辛勤耕耘，桃李满天下。她深深植根于协和，无私奉献于医学科学事业，在北京协和医院发展史上留下了浓墨重彩的印记，树立了难以超越的丰碑。本书作为第一本全面描述史轶蘩院士学术成长的传记，尽管尚有诸多缺憾，但仍不失为一部学术性与可读性俱佳的著作，不仅可供医学专业人士阅读，亦可供立志科研事业、尚在求学的学生、学者等阅读，是一本读之有益的人物传记。

北京协和医院

2024 年 3 月

目 录

老科学家学术成长资料采集工程简介

总序一 ································ 韩启德

总序二 ································ 白春礼

总序三 ································ 周　济

序　一 ································ 赵玉沛

序　二 ································ 张抒扬

导　言 ································ 1

| 第一章 | 少年时代 ···························· 5

溧阳史氏 ···························· 5

史侯后裔 ······ 6
抗战时期的圣功女中 ······ 7

第二章 | 选择在协和学医 ······ 13

选择学医 ······ 13
"远东最好的医学院" ······ 14
燕京大学理学院的"金钥匙" ······ 16
北京协和医学院的高水平教育 ······ 18

第三章 | 进入内分泌学领域 ······ 25

内科住院医 ······ 25
师从刘士豪 ······ 26
我国第一个内分泌科的组建 ······ 27
参加在首钢开展的糖尿病患者群研究 ······ 30

第四章 | "文化大革命"中的历练 ······ 32

特殊时期 ······ 32
"文化大革命"中的医学实践 ······ 33
家庭生活 ······ 36

第五章 | 重新开始学术研究 ······ 39

神秘的垂体 ······ 39
建立生长激素的放射免疫测定法 ······ 40
内分泌科的重新起航和垂体组的成立 ······ 45
奔赴 NIH ······ 46
NIH 的学习和生活 ······ 47

NIH 对史轶蘩的影响 ·· 53

| 第六章 | 医教研管的成果 ·· 55

内分泌科主任 ·· 55
临床与基础相结合的科研道路 ····························· 63
成立卫生部内分泌重点实验室 ····························· 65
垂体疾病系列研究与相应成果 ····························· 68
"内分泌学的宫殿" ·· 82
担任临床药理中心主任 ····································· 85

| 第七章 | 推动全国内分泌学的发展 ······························ 93

中华医学会内分泌学分会 ·································· 93
就任《中华内分泌代谢杂志》总编辑 ·················· 102

| 第八章 | 诲人不倦 ·· 106

为人师表　身体力行 ······································ 106
严谨求精　一丝不苟 ······································ 108
自主学习　授人以渔 ······································ 110
化繁为简　点石成金 ······································ 112
深入浅出　娓娓动人 ······································ 115

| 第九章 | 老年时期的学术研究 ·································· 117

主编《协和内分泌和代谢学》··························· 117
开展肥胖的研究 ·· 119
开展青春期发育研究 ······································ 121
哲人其萎 ·· 123

目录 III

结　语 ·· 125

附录一　史铁蘩年表 ································ 133

附录二　史铁蘩主要论著目录 ·················· 155

参考文献 ·· 175

后　记 ·· 183

图片目录

图 1-1　江苏溧阳史侯祠 ··· 5
图 1-2　史轶蘩的父母史恩灏和狄福珊 ··· 6
图 1-3　青岛史轶蘩家的旧居 ·· 12
图 1-4　青岛圣功女中教学楼部分遗迹 ··· 12
图 1-5　1946 年史轶蘩在圣功女中的临时毕业证书 ······························· 12
图 2-1　青年史轶蘩 ··· 17
图 2-2　史轶蘩实习时期手书的病历 ·· 23
图 2-3　身着学位服的史轶蘩 ·· 24
图 3-1　20 世纪 50 年代部分住院医师在北京协和医院老楼前合影 ········ 25
图 3-2　史轶蘩在宿舍 ··· 26
图 4-1　史轶蘩与丈夫徐锡权 ·· 36
图 4-2　史轶蘩全家福 ··· 36
图 4-3　史轶蘩在厨房 ··· 37
图 5-1　1981 年史轶蘩在美国国立卫生研究院作访问学者学习时的留影 ····· 47
图 5-2　1984 年 Sherins 教授夫妇访问北京协和医院 ···························· 50
图 6-1　史轶蘩在病房查房 ·· 55
图 6-2　1987 年内分泌科集体照 ··· 59
图 6-3　"男性内分泌性功能减退症的临床研究"获卫生部医药科学
　　　　技术进步奖三等奖后，研究组全体成员合影 ··························· 60
图 6-4　卫生部内分泌重点实验室工作会议六周年纪念 ······················· 67
图 6-5　史轶蘩在"激素分泌性垂体瘤的临床及基础研究"成果鉴定
　　　　会上作汇报 ·· 69
图 6-6　史轶蘩展示 1992 年获得的国家科学技术进步奖一等奖证书 ······ 69
图 6-7　1992 年，获得国家科学技术进步奖一等奖团队合影 ················ 69
图 6-8　1996 年史轶蘩在北京协和医院院庆 75 周年学术报告会上发言 ····· 70

图 6-9	1996年史轶蘩当选中国工程院院士	70
图 6-10	史轶蘩获得的中国工程院院士证书	70
图 6-11	史轶蘩与课题组部分成员讨论病历	73
图 6-12	1996年临床药理研究中心成立之初主要工作人员外出考察时的合影	86
图 7-1	1990年史轶蘩在参加全国内分泌大会后与部分人员在纪念刘士豪教授壁报前合影	94
图 7-2	1994年史轶蘩参加第十届亚太内分泌学术会议时与内分泌科部分人员合影	95
图 7-3	1997年史轶蘩参加中华医学会第五次全国内分泌学术筹备会时的工作照	95
图 7-4	1999年参加国际华夏内分泌大会后垂体组部分成员合影	96
图 8-1	史轶蘩指导博士生王峻峰	111
图 8-2	史轶蘩进行教学查房	113
图 8-3	史轶蘩主持研究生临床考试（口试）	116
图 9-1	史轶蘩在肥胖门诊的工作照	120
图 9-2	2005年史轶蘩参加在秦皇岛组织的矮小儿童夏令营时与有关人员合影	122
图 9-3	北京协和医院内分泌科教授千禧年合影	123
图 9-4	2009年时任中国医学科学院院长刘德培院士与荷兰学者看望患病中的史轶蘩	124

导　言

史轶蘩是我国现代内分泌学的集大成者之一，是下丘脑-垂体疾病领域的开拓者。她于1928年11月1日出生于广东江门，1946年考入燕京大学医预系，1949年进入私立北平协和医学院医学系，1954年毕业。毕业后进入北京协和医院内科工作，历任内科住院医师、主治医师、内分泌科主治医师、副教授、教授。史轶蘩长期从事内分泌学的临床与研究工作，将我国垂体疾病的诊治从几乎空白的程度提高到国际先进水平，发表了大量学术论文，并主持编写了内分泌学专著《协和内分泌和代谢学》。

传主经历和学术贡献

史轶蘩出生在一个小康之家，父母对子女的教育高度重视，因此即使在最为艰苦的抗日战争年代，史轶蘩兄妹4人也能在英语课被日本侵略者取消的情况下跟随父亲学习英文。1946年，史轶蘩考入燕京大学医预系，并在3年后顺利进入协和医学院这座当时中国的最高医学学府。进入协和医学院不久，朝鲜战争爆发，协和医学院收归国有，宣布不再招生。史轶蘩经历了协和医学院由旧中国的象牙塔到新中国的改造对象的过程。这一过程中，史轶蘩也由海关司长家的二小姐成为待改造家庭的成员。虽然史轶蘩日后从未提起过这一阶段的心理落差，但社会变革的影响是巨大的。

1954年，史轶蘩从协和医学院毕业。原本8年制毕业就可以拿到纽约州注册的大学医学博士学位，而1951年后授予的仅仅是相当于理学学士。然而这一切并未影响史轶蘩对于医学事业的奋斗热情。在学校名列前三名，在北京协和医院工作以后也一直是业务骨干。不同于其他科研单位，北京协和医院有着繁重的医疗服务任务。因此，在那个特殊的年代，史轶蘩的临床工作占据了她生活的主要部分。

1957年起，刘士豪教授组建北京协和医院内分泌科，史轶蘩成为内分泌科最早的骨干力量。刘士豪出色的科研能力影响了内分泌科的每一个人，但1966年的"文化大革命"使内分泌科的科研彻底中断，史轶蘩这批年轻医生虽然多数并未被打倒，但却成了既要参加各种运动，又要在各种医疗服务中承担重要任务的角色。与同年资的许多其他领域的科学家相比，史轶蘩在这一阶段虽未参加过国家重点科研项目，但这段时期积累的临床经验和锻炼出来的能力也使她在北京协和医院的名声与日俱增。

1959年，美国科学家Berson和Yalow首次建立了胰岛素的放射免疫测定法。刘士豪敏锐地捕捉到这一重要进展，于1962年招收研究生，并于1965年在我国首次成功建立了胰岛素的放射免疫测定方法。不幸的是"文化大革命"的到来使这一重要成果未能得到及时应用。1974年年初，陆召麟被派往英国学习生长激素的放射免疫测定方法。陆召麟回国后，在邓洁英等研究人员的共同努力下，利用他获赠的少量生长激素标准品，内分泌科成功建立了生长激素的放射免疫测定法。"文化大革命"结束后，内分泌科为了学科发展进行了分组，史轶蘩后来成为垂体组的领导者。此后，史轶蘩赴美国国立卫生研究院（National Institutes of Health, NIH）学习，回国后，在她的领导下，所有垂体激素的测定方法均得到了建立和应用。接下来，对于垂体领域的内分泌疾病，如何用激素的定量测定来进行精确的诊断，是垂体组的主要工作。对正常人的激素水平进行测定，建立每种激素的正常参考范围，是这些工作的第一步，而史轶蘩往往是这些"正常人"的第一个受试者。第二步，则是如何区分患者和正常人，也就是建立诊断方法，这涉及大量内分泌功能试验的设计、验证并确定参考范围。这些繁重的工作完成以后，疾病的诊断较以前提高了一大步，而治疗也就变得有的放矢了。在此基础上，史轶蘩又对多种新型药物进行了研究，其中最出色的研究是发现了生长抑素对于胆囊运动的不良反应并对相关影响因素及处理进行了深入探讨。另外，史轶蘩还联合其他8个学科，对垂体瘤的相关诊断和治疗进行了综合研究，使我国对垂体瘤的诊治达到了国际先进水平。

除了最为著名的垂体瘤研究，史轶蘩在其他内分泌疾病的临床研究方面也颇有建树，她在1983年担任内分泌科主任以后，将整个内分泌科的医疗、科研和教学均提高到一个新的高度。此外，她对中华医学会内分泌学分会和《中华内分泌代谢杂志》的发展也起到了非常重要的作用。

本书资料基础和研究现状

史轶蘩院士和同事的回忆资料及相关文献档案，以及对她学术成长经历的研究，均是研究我国内分泌学发展进程的重要组成部分。反映史轶蘩学术成长的资料分为以下几类。

学术论著：史轶蘩发表各类论文100余篇，代表性专著1部。

档案资料：北京协和医院史轶蘩人事档案和北京协和医院有关国家科学技术进步奖档案为本书提供了丰富的原始资料。

个人资料：史轶蘩院士去世后，由其子女捐赠的遗物中有许多"文化大革命"后史轶蘩参加各类讲座的学习笔记和读书笔记，一定程度上反映了史轶蘩在"文化大革命"后的学习内容。

口述史料：由于史轶蘩院士在本项目开始时即已经有一定程度的构音障碍，加上她长期强调必须突出集体的作用而非个人，因此史轶蘩同事的口述史料是本书特别重要的依据。其中金自孟教授和邓洁英教授经历了垂体组的开创到获奖的全过程，因而他们的口述史料尤为重要。

本书思想及结构

史轶蘩的学术成长在同年龄段院士中有其特殊性。该年龄段院士往往有留苏背景，再年长一些则有留美背景，而史轶蘩则是在国内毕业，虽然按学制应该获得医学博士学位，但是1952年全国高校院系调整以后只能以等同理学学士的学位毕业，史轶蘩年过半百以后才有机会到美国国立卫生研究院学习了两年。另外，在无留学背景的院士中，多数在"文化大革命"前或"文化大革命"期间参加过国家的一些重点科研项目，史轶蘩在那段时间却一直在超负荷地完成繁重的医疗任务，从未有机会参加大型科研项目。然而这一时期却是史轶蘩的临床积累阶段，她厚积薄发，最终在垂体内分泌科研上获得了突破。

史轶蘩在科研上的大器晚成，是和社会的大背景息息相关的。本书的写作目的，不仅是让读者了解史轶蘩院士本人，也是通过梳理史轶蘩院士的学术成长和我国现代临床内分泌学的发展过程，为中国各个特殊历史时期的医学科学发展留下宝贵的资料。

本书分为九章，主体线索按照编年史展开。第一章讲述了史轶蘩的家族渊源、少年时代和在青岛就读中学的状况。第二章介绍了史轶蘩在燕京大学和北京协和医学院就读的经历。第三章着重介绍了史轶蘩由内科住院医师阶段进入内分泌专科的状况。第四章介绍了"文化大革命"对北京协和医院的冲击及史轶蘩的医疗工作和家庭生活。第五章介绍了史轶蘩对垂体瘤工作的初步研究和在美国国立卫生研究院的学习和生活。第六章是史轶蘩的辉煌时期，从美国国立卫生研究院归来就任科主任后，史轶蘩充分发挥放射免疫测定法这一新技术的作用，对垂体疾病进行了系统的研究；同时将整个北京协和医院内分泌科的科研推向一个新的高度，最终被评为"卫生部内分泌重点实验室"。第七章介绍了史轶蘩对中华医学会内分泌学分会和《中华内分泌代谢杂志》的贡献。第八章介绍了史轶蘩教学的各个方面，这是她极为注重也久负盛名的方面。第九章介绍了史轶蘩老年时开创的学术研究，迄今仍然是重要的研究方向。

总之，本书根据现有材料，对史轶蘩院士的学术成长历程进行了相对完整的呈现，力图客观，为今后的相关学术史研究提供参考。

第一章
少年时代

溧阳史氏

在江苏省溧阳县埭头镇，有一座被称为"江南第一大祠"的史侯祠。西汉末年，史崇跟随刘秀南征北伐，为东汉政权立下了汗马功劳，官至青冀二州刺史加骠骑将军，后被封为溧阳侯。其孙史茅为纪念祖父，遂建史侯祠，迄今已有近两千年历史。自东汉以来，史侯祠屡毁屡建，至今仍为一处独特的人文景观。在数不清的楹联之中，有一副别有深意："祖孙父子、兄弟叔侄，四世翰苑蝉联，犹有舅甥翁婿；子午卯酉、辰戌丑未，八榜科名鼎盛，又逢巳亥寅申。"该楹联指的是清朝时期的史鹤龄从康熙年间入翰林后，其子、其孙、侄孙、曾孙、女婿、外甥相继经科举考试成为翰林，堪称海内无第二家。这副楹联正是溧阳史氏长期重视家族教育的写照。如今史侯祠建筑群中的史氏现代

图1-1 江苏溧阳史侯祠

名人馆陈列着300余位辛亥革命以来的溧阳史氏名人事迹。溧阳位于长江下游的经济繁荣地区，加上史氏家族长期以来重视教育的传统，堪称名人辈出，正如门联所撰："医教政经，出类拔萃，兴国需彦俊；祖孙父子，承前启后，旺族赖精英。"

史侯后裔

史轶蘩的祖父史国桢，是溧阳侯史崇的59代孙，曾任溧阳公署衙门会计，并兼溧阳高山女校校长。崇尚教育的风气让史家人才辈出，史轶蘩之父史恩灏和史国桢的小弟史国纲是其中的佼佼者。史国纲早年留洋，先后就读于美国皮劳埃大学和哈佛大学，回国后曾任中央大学政治系主任。史恩灏和史国纲年龄相仿，能说一口流利的牛津腔英语，也曾有机会出国留学，但他在考入海关后选择了留在海关工作。史恩灏的英语十分地道，在改革开放初期他住在史轶蘩家中时，曾经辅导过邓洁英、孙梅励等北京协和医院内分泌科医生或研究人员的英语。

图1-2　史轶蘩的父母史恩灏和狄福珊

据孙梅励教授回忆：

特别让我感动的是她（指史轶蘩）的老父亲给我们辅导，而且史大夫可能没有见过他的老父亲给我们写的信。后来她的老父亲到了大连，总是叫我们给他去买英文的《建设》杂志，每次都写一封信，写得特别美的小字，让我们用英文给他回信，再给他把杂志寄过去。所以我觉得史大夫之所以对工作这么兢兢业业，业务这么好，跟她的家庭教育也是分不开的。①

1928年,史恩灏在当时中国的南方重要门户江门海关工作。这一年的11月1日,史轶蘩出生于江门。最终成年的兄弟姐妹有5人:史轶寅、史轶漪、史轶蘩、史轶芳和史轶才。

关于史轶蘩名字的来历,"轶"字是史氏家谱中这一辈的排行,而"蘩"字,史轶漪则非常有趣地说:

> 大家都知道,中国大文学家曹禺的话剧《雷雨》中老太爷有个姨太太叫蘩漪,史轶蘩的"蘩",我的"漪",我们俩名字的最后一个字就组成了蘩漪。若按此,我大,我应该叫史轶蘩,她应该叫史轶漪,可惜《雷雨》那时还没创作出来。②

因为公务繁忙,史恩灏将大女儿史轶漪送到溧阳随祖父母生活,而史轶蘩则被送到江苏金坛的外祖父母家生活。这种情形一直持续到日本全面入侵中国。

抗战时期的圣功女中

1937年7月7日,"卢沟桥事变"爆发,日本侵华全面开始。"八一三"事变后,日军沿长江西进,生活在长江下游的史轶漪和史轶蘩经历数月颠沛流离后被送到了在青岛工作的父母身边,这时史轶漪11岁,史轶蘩10岁。就这样,全家的团聚竟是在形势所迫的时候被促成了。

尽管青岛当时也是沦陷区,但因为海关由英国人管理,因此日军在很长一段时期并未干涉海关事务,让史恩灏得以正常工作,维持一大家人的生计。

---

① 孙梅励访谈,2013年9月5日,北京。资料存于采集工程数据库。
② 史轶漪访谈,2014年4月21日,芝加哥。资料存于采集工程数据库。

齐东路 41 号是史恩灏一家当时租住的地方，史轶蘩和妹妹史轶芳住一间，史轶漪和奶奶住一间，但是看书都在同一个大房间的一张大桌子上。这栋房屋迄今仍保留着当时的原貌，史家兄弟姐妹对此均印象深刻，史轶芳在 2010 年还曾再次故地重游。

青岛是一座美丽的海滨城市，也是各种文化交汇之处。坐落于青岛市浙江路北端至高处的天主教堂，现在已经是全国重点文物保护单位。它原名圣爱弥尔教堂，于 1934 年建成，是青岛地区最大的哥特式建筑，大门两侧各耸立着一座钟塔，塔身高 56 米，顶尖还有一个 4.5 米高的巨大十字架。配楼则为罗马式建筑，无论内景还是外观均富丽堂皇。整个教堂气势恢宏，蔚为壮观。当年天主教堂属于圣言会，而史家三姐妹就学的圣功女中就在教堂对面。

史轶漪回忆起圣功女中的旧事，依然是一脸自豪：

> 你到青岛去，船没到码头，老远就能看到两个尖头教堂，那就是天主教的教堂，我们的学校就在教堂后面，是美国的天主教到这开办的，名字叫圣功女中。我大概 13 岁上中学，史轶蘩晚一年，那时候我们的英文书是从美国运来的，纸很厚，一半文字、一半图画。我还记得，那个修女不会讲中文，我们不会讲英文，她在上面上课，又蹦又跳又做手势，后来我们慢慢就懂了。①

圣功女中在女子中学里以教学质量突出而著称。圣功女中是美国俄亥俄州圣方济教会修女尤斯特拉于 1930 年所建，学费是全青岛最高的，比其他私立中学高出几倍，所以青岛人一直称圣功女中为"贵族学校"。在学习上，校方要求十分严格，以高薪聘请名师，授课水平一流，同时生活管理严格，学生成绩相当突出，因而在全国都很有声誉。

史轶漪对于母校的回忆是深刻的：

---

① 史轶漪访谈，2014 年 4 月 21 日，芝加哥。资料存于采集工程数据库。

青岛有三个女中,一个是国家开办的,不要钱,一个是圣功女中,还有一个叫培德女中。圣功女中在青岛算是比较好的学校。要想上圣功女中,需要准备七件校服,两件蓝的衣裳、一件百褶裙子、一件蓝色毛衣,上体育课的时候要穿白的绒布裤子和衬衫,夏天上体育的时候还要穿短裤,七件校服,黑鞋白袜子。有的学生想穿肉色的袜子,一概不许,进不了校门。……英文课是修女教,其他是中国老师教,有算术古文,没有舞蹈……"珍珠港事件"之后修女就走了。

关于圣功女中老师的教学水平,史轶漪还清晰地记得当年地理老师讲课的场景:

教我们地理课的老师很厉害,他教我们背地图,长江流域、江苏、江西串下来。地图背完之后,他说再加上人文和气候,然后加上出产什么,位置、河流、流域就全会了。①

圣功女中的课外活动很丰富,史轶漪和史轶蘩在中学里曾演过话剧。史轶蘩扮演《雷雨》中的鲁大海,史轶漪则参加过巴金三部曲之一《家》的话剧演出。

尽管学校的要求很高,史轶漪和史轶蘩在圣功女中的学习成绩却非常优秀。据史轶漪回忆:

我们学校每年有个品学兼优表,我和史轶蘩都是各自班里的好学生,而且都是代表。我毕业那年,青岛所有中学生的文凭,是我作为代表到礼堂台上领的。②

跟史轶蘩共同在厨房读书的经历也是史轶漪很美好的回忆:

---

① 史轶漪访谈,2014 年 4 月 21 日,芝加哥。资料存于采集工程数据库。
② 同①。

第一章 少年时代

> 那时候青岛到了冬天很冷。晚上读书，我们就跑到厨房去，厨房暖和一点，但是厨房的灯比较高，而且灯泡上有油，我们站在那儿念书，因为站着高，离灯泡比较近……

在青岛时期的记忆，史轶漪印象最深的是妹妹史轶蘩对小说的痴迷：

> 因为我和妹妹史轶蘩、史轶芳都在上学，中午往返太麻烦，妈妈就派人给我们送饭。吃完饭我们就在那儿玩。我常常到海边去，因为离海边不远，摸点小黄鱼什么的。史轶蘩有时候也去，但比较少。她喜欢看书，喜欢看小说，连洗脸刷牙都在看，不知道看了多少。[①]

父母对孩子们的学习非常重视，父亲史恩灏还会额外补充英语任务，并在假期请家庭教师来传授古文。因为史轶漪和史轶蘩成绩优异，还让她俩给史轶寅和史轶芳补课。

> 我是1939年到青岛上中学的，史轶蘩是1940年。"珍珠港事件"之后，教我们的修女全部撤走了。英文不学了，日本人来了，必须学日文。
>
> 我们在圣功女中没有学多少英文，其实多半是爸爸在家教的。比如《罗密欧与朱丽叶》《威尼斯商人》，我们都念过的。
>
> 妹妹史轶芳功课不好，妈妈就让我和史轶蘩教她，同时还得给哥哥默生字。我们两人就是家里的出色分子，哥哥要管，妹妹也要管。

史轶芳自己也记得当时被史轶蘩"管"的情况：

> 我跟她睡一张床。我念书什么的，我妈都让她管我，她做事很有

[①] 史轶漪访谈，2014年4月21日，芝加哥。资料存于采集工程数据库。

条理，比较操劳……①

沦陷区的生活是艰苦而屈辱的，圣功女中的学生们对此深有感触，也常常以她们独特的行为来抵抗着。据史轶漪回忆：

> 当时日文也没有好好学，今天学第一册，明天学另一册。日本人非常坏，把我们的青春全浪费了。他们让说万岁，我们就说半岁，我们就在那儿乱喊。其他课倒是在学，因为其他课都是中文老师……日本人在青岛开的店，我们去看一看，骚扰一下，拿出来又说不要。一会儿又去看一看，说要这个，看完之后又不要，就是去捣乱……她（史轶蘩）干的少，我干的多，因为她在那儿看小说，有时候也去捣一下乱。②

史轶蘩的妹妹史轶芳同在圣功女中上学，也有类似的回忆：

> 青岛已经被日本人占领了，街上竖的是日本国旗，走到那还要给日本鬼子行礼，所以我们都是绕道而行，有爱国心。③

史轶蘩的青少年时期几乎都在青岛度过。在就读青岛圣功女中的时候，恰恰是日本占领青岛的时期，因此这段时期对史轶蘩的影响十分深远。在一所教学质量很高的中学屡拔头筹，史轶蘩的天赋和勤奋已经崭露头角。父亲亲自教授的英语和自幼大量阅读小说练就的语文能力，为史轶蘩后来的中英文写作水平打下了坚实的基础。

---

① 史轶芳访谈，2014年5月17日，四川崇州。资料存于采集工程数据库。
② 史轶漪访谈，2014年4月21日，芝加哥。资料存于采集工程数据库。
③ 史轶芳访谈，2014年5月17日，四川崇州。资料存于采集工程数据库。

图 1-3　青岛史轶蘩家的旧居　　图 1-4　青岛圣功女中教学楼部分遗迹

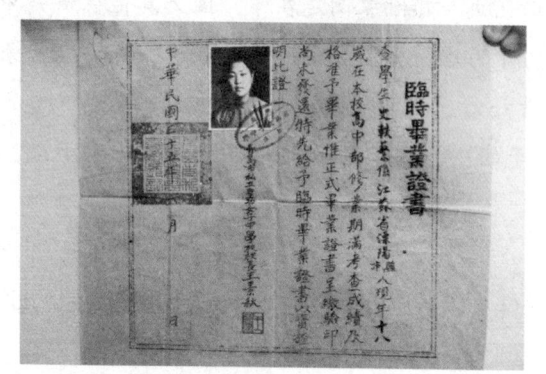

图 1-5　1946 年史轶蘩在圣功女中的临时毕业证书[①]

---

① 抗日战争胜利后，南京政府对沦陷区学校的学习经历不予承认，仅允许发放临时毕业证书。

第二章
选择在协和学医

选 择 学 医

1946年夏，史轶蘩以优异成绩从青岛圣功女中毕业。史轶蘩的母亲狄福珊一直希望家里有个孩子学医，而这个愿望自然就落在成绩优秀的史轶漪和史轶蘩姐妹身上。当然，首先是希望大女儿史轶漪学医。令人遗憾的是，史轶漪就学后因视力差而不适合学医，于是这一愿望就只能由史轶蘩实现了。

关于这段经历，史轶漪还记得许多细节：

> 我妈妈认为我最适合学医，那时候我上的是辅仁大学生物系，预备要学医。学生物的时候，需要一只眼睛看显微镜，另一只眼睛盯着把树叶子画出来。我一搞这个就不行，后来去检查，说天生视力弱，无法上生物系，就转去化学系。后来学医的任务就落到了史轶蘩身上。[1]

---

[1] 史轶漪访谈，2014年4月21日，芝加哥。资料存于采集工程数据库。

其实史轶蘩原拟报考理科，是经父母劝说后改报考医学类的。因为当时北京协和医学院在国内医学界的声望极高，因此史轶蘩选择了到协和医学院学医。北京协和医学院遵循美国约翰斯·霍普金斯医学院学制，需要先在燕京大学上医预系，所以实际上史轶蘩首先报考的是燕京大学医预系，3年后再报考北京协和医学院。由于燕京大学在青岛未设考点，铁路又因内战一触即发而被游击队拆除了许多铁轨，父亲让史轶蘩从青岛乘飞机到北京参加燕京大学的入学考试，结果顺利通过。

"远东最好的医学院"

北京协和医学院（Peking Union Medical College，PUMC）在中国现代医学史上有着独特的地位。

与大多数中国的医学院或大学的建校经历不同，北京协和医学院从建校伊始就与国际高水平医学院接轨。筹建北京协和医学院的关键性人物中就有当时美国约翰斯·霍普金斯医学院院长韦尔奇（William H. Welch）和洛克菲勒研究所所长西蒙·弗莱克斯纳（Simon Flexner）这样推动美国医学教育革命的领军人物。洛克菲勒基金会的雄厚实力和筹建委员会的高瞻远瞩使北京协和医学院一经出世便已在中国达到卓尔不群的境地。

1913年，美国石油大王洛克菲勒建立了洛克菲勒基金会，而基金会成立之初就将提高中国的现代医学水平作为慈善的一大目标，具体措施首先是建立北京协和医学院。洛克菲勒基金会的目标是"建立一所不亚于欧美的医学院"，一方面用高薪聘请全世界著名医学科学家作为医学院的教授；另一方面，与培养中国医学界领导人的目标相适应，"精英教学"的模式和淘汰制的学制最大程度上保证了毕业生的质量。1922年，在北京协和医学院正式招生仅5年、北京协和医院仅开业1年时，北京协和医学院第一位客座教授毕宝德（Francis W. Peabody，哈佛医学院内科教授）在期刊《科

学》(*Science*)上著文介绍北京协和医学院①,他在结语中写道:

> 对许多美国人来说,中国似乎很遥远。北京处于西方文明的边缘,但对于那些知情人来说,北京协和医学院正与世界上最先进的医学院并肩而行。

实际上,洛克菲勒基金会也为北京协和医学院这一成功项目而自豪。1945年11月,为筹划第二次世界大战胜利后北京协和医学院的重建,洛克菲勒基金会会长福斯迪克(Raymond B. Fosdick)给老洛克菲勒写信时说:"北京协和医学院是我们皇冠上最璀璨的一颗明珠。"②

甚至在中国和西方已经成为势同水火的"冷战"时代,1957年《柳叶刀》主编福克斯(Theodore Fox)参观北京协和医学院后仍感叹:"虽然历经变迁兴衰,(北京协和医学院)仍被认为是中国的约翰斯·霍普金斯。尽管世异时移,国际教员也已离去,但北京协和医学院依旧保留了一流的水准,执中国医学界之牛耳。"③

协和在建院之初称为北京协和医学院,1928年起因北京改称"北平"而改校名为北平协和医学院(Peiping Union Medical College),仍简称PUMC;到1951年政府接管后曾改为中国协和医学院。无论名称如何,协和医学院在20世纪30年代起就已是享誉"远东最好的医学院"。

从1937年"卢沟桥事变"开始,尽管日军并未干扰北京协和医学院和北京协和医院的日常工作,一批外籍专家如狄瑞德(Francis R. Dieuaide)等人却已经嗅到了战争的气息而陆续选择离开;一批中国籍教授和医生如林可胜、张孝骞等不愿生活于日寇的铁蹄之下,也纷纷辞职去了大后方。1941年12月7日,"珍珠港事件"爆发,日军迅速占领北京协和医学院,

---

① Peabody FW. The department of medicine at the Peking Union Medical College. *Science*. 1922, 56 (1447): 317–320.

② [美]福梅龄著,闫海英、蒋育红译:《美国中华医学基金会和北京协和医学院》。北京:中国协和医科大学出版社,2014年,第176页。

③ [美]约翰·鲍尔斯著,蒋育红、张麟、吴东译:《中国宫殿里的西方医学》。北京:中国协和医科大学出版社,2014年,第233页。

所有外籍人员全被拘禁，而中国籍员工则被赶出北京协和医学院，自谋生路。因此到1946年，虽然日本战败了，但北京协和医学院尚未恢复。部分原北京协和医学院的教师如钟惠澜、林巧稚等有的在北京其他医院供职，有的自行开业行医，还有很多流离于天津等其他城市。原先设备精良的实验室已经被洗劫一空，而原校舍则被政府征用，成为军事调处执行部（简称军调部）办公室。因此，当时的北京协和医学院，连筹划复校都无法列入日程。

然而，北京协和医学院特殊的学制决定了它仍然可以招生。北京协和医学院主要参考美国学制，因此为八年制，前三年为医预系，由综合性大学负责教学，主要在燕京大学；后五年在北京协和医学院本部进行，学习基础医学和临床医学。由于燕京大学已于1945年在北平原址恢复正常教学，因此北京协和医学院在抗战后的第一批医预系学生已经在1945年下半年入学。史轶蘩当时对这种情况知情多少，以及选择北京协和医学院的过程，我们现在已经不得而知。根据她在北京协和医学院的同班同学张之南的描述，当时入学考试的试题还是相当难的："英文和数学题又多又难，主要考查考生的基本知识、灵活性和答题速度。[①]"

燕京大学理学院的"金钥匙"

1946年9月，史轶蘩离开父母和兄弟姐妹，进入燕京大学理学院的医预系就读。

在民国教育史上，燕京大学有着浓墨重彩的一笔。如今的北京大学校园就是在燕京大学旧址上扩建而成。燕京大学是由英美传教士创办的一所基督教教会大学，于1919年由北京汇文大学、通州协和大学和华北协和女子大学合并而成。司徒雷登自出任第一任校长开始，殚精竭虑，联合北

---

① 张之南:《治学与从业》。北京：中国协和医科大学出版社，2007年。

美和中国热心高等教育的人士，不但建成了美丽的校园，而且在短短十年将燕京大学由一所几近职业技术学校类型的大学转变为中国一流的综合性大学。

燕京大学和北京协和医学院也颇有渊源。一方面，燕京大学的医预系向北京协和医学院输送的学生最多；另一方面，北京协和医学院在1926年将自办的医预学校全部无偿转让给燕京大学，这也是燕京大学在自然科学领域快速崛起的重要原因。

燕京大学的校训是司徒雷登和郭查理、博晨光一起拟定的"因真理，得自由，以服务"，出自《圣经·马太福音》的"人子来不是要受人的服侍，而是要服侍人"和《圣经·约翰福音》的"你们必晓得真理，真理必叫你们得以自由"。这一校训虽然出自基督教，但在精神上却超越了基督教。尽管是教会学校，但燕京大学的学术思想以自由教学为主，并不强调基督教教义。1925年，司徒雷登将宗教课由必修课改为选修课。

司徒雷登在宗教活动方面的一大创造是"基督教团契"。1926年10月，司徒雷登给燕京大学的教员和学生写了一封公开信，阐述了"基督教团契"的思想和组织形式，表示任何与燕京大学有关系的人，任何教派的基督徒甚至非基督徒均可参加，"既无信条，亦无教规，注重内心，不重典仪"，但如有人愿意入教，也有牧师会为之洗礼。这样，"基督教团契"因其自由度极大而迅速发展，几乎成为各种课外活动组织的代名词。史轶蘩在燕京大学期间也经同班同学刘丽笙介绍参加了"基督教团契"。

在燕京大学的三年学习为史轶蘩打下了坚实的基础。当时的学习任务颇为繁重，史轶蘩的同班同学张之南曾经这样描述医预系的学习："理科学生的课程比文科多，医预系的课程更多，光必修课就不少，还有选修课。医预系又称特别生物系，主要目的是为北京协和医学院和其他医学院培养预科生源，三年内读完要求的课程，取得考试资格，再参加北京协和医学院或其他医学院的入学考试。若能考到北京协和医学院等学

图 2-1 青年史轶蘩

校则已，如不能考取，则继续学习一年，从生物学专业毕业，获得理学士学位。①"

结束燕京大学三年的课程后，医预系的同学们都参加了北京协和医学院的入学考试。对于这次考试，张之南是这样描述的：

> 考试是在十楼 223 号教室进行的，我坐在第一排。试题并不是很多，大部分不是靠死记硬背教科书能对付的，题目出得很活，应用性强，我感到最难的一个物理题是有关照相的物理学原理，好像是为了成像如何计算焦距，会的人觉得很简单，不会的人就是绕不出来。②

由于史轶蘩学习成绩出色，每年都获得优秀学生奖学金，因此除第一年交了学费，此后就都用奖学金交付学费。课余生活方面，史轶蘩喜爱的运动是划船，因此常常和同学们一起在燕京大学的湖上泛舟。

1950 年夏，史轶蘩因在大学 4 年期间成绩优良并全面发展而获得国际斐陶斐荣誉学会（the Phi Tau Phi Scholastic Honor Society）颁发的"金钥匙"奖。该奖又称斐陶斐励学奖，当年由斐陶斐荣誉学会燕京分会会长、著名地理学家侯仁之教授向每位获奖者颁发证书。一起获奖的医预系学生还有张之南、孙瑞龙、刘丽笙，而整个燕京大学也只有不到 10 人获此殊荣。

北京协和医学院的高水平教育

北京协和医学院坐落于东单和王府井之间，美国中日医学教育史权威鲍尔斯（John Z. Bowers）教授在他的经典著作《中国宫殿里的西方医学》第一章写道：

---

① 张之南：《治学与从业》。北京：中国协和医科大学出版社，2007 年。
② 同①。

世界上最美丽的医学院当属中国北京的首都医院[①]。优雅的古典建筑围成长方形的院落，屋顶飞檐上是翡翠般的琉璃瓦，在中国北方的明媚阳光下熠熠生辉。[②]

1919年，美国哲学家兼教育家约翰·杜威（John Dewey）在北京讲学期间曾被尚未启用的北京协和医学院建筑群所震撼：

洛克菲勒的建筑显示出金钱的无所不能。在这满目疮痍的城市中非常突出，仿佛是启发思想的纪念碑，记载着过去的荣耀，同时又不失现代元素。它们可跻身于最精致的中国古典建筑而无愧色，屋顶不用黄色而用绿色，楼层为三层而不是一层。[③]

与美轮美奂的建筑群相比，当时北京协和医学院的学术水平更加令人赞叹。韦尔奇和西蒙·弗莱克斯纳打造中国约翰斯·霍普金斯医学院的远大抱负，使医学院长期秉承"高起点、高标准、高水平"的办校方针，无论在医疗、科研还是医学教育方面均向欧美一流标准看齐。自1917年开始的20余年时间里，北京协和医学院在严重危害我国国民健康的各种疾病研究中成就斐然，尤其是传染病（包括寄生虫病）和营养缺乏性疾病（包括佝偻病）。麻黄素的发现直接影响了后来中药研究的方向。因此，几乎每位回到美国的客座教授都对北京协和医学院赞赏有加，甚至其中不少人在回忆录里称在北京协和医学院的经历是一生中最难忘的阶段。

本着培养中国医学界领袖的目标，北京协和医学院对医学教育的重

---

① 首都医院是北京协和医院在1972—1985年的名称。鲍尔斯的本义是指北京协和医学院，原本医学院与医院是一体的，但鲍尔斯的著作出版时医学院停办而医院继续正常服务，因此鲍尔斯只能用医院来代表医学院。

② ［美］约翰·鲍尔斯著，蒋育红、张麟、吴东译：《中国宫殿里的西方医学》。北京：中国协和医科大学出版社，2014年，第1页。

③ Baick JS. Cracks in the Foundation: Frederick T. Gates, the Rockefeller Foundation, and the China Medical Board. *J Gilded Age Progress Era*. 2004, 3: 59–89.

视是无以复加的，而其教育模式完全依照韦尔奇所倡导的约翰斯·霍普金斯医学院风格，培养高水平的医学科学家，宁缺毋滥。后来这种模式被称为"精英教育"，具体到实践中就是"淘汰制"的实施。即考入医预系后并不保证能够进入北京协和医学院本部就读，每年根据成绩淘汰不能达到要求的医学生。因此毕业生数量往往很少，第一届仅3人毕业，第二届仅5人毕业。这一特殊学制从一开始就一直饱受非议。支持者认为这是中国现代医学与国际接轨的必由之路；反对者则认为中国医师的缺口极大，应该用有限的资源培养更多的医生才能解决中国的民生问题。两种观点一直在不断交锋，而掌权的洛克菲勒基金会则坚定不移地施行精英教育。

史轶蘩于1949年夏结束燕京大学医预系的学习，考入北京协和医学院本部。其时平津战役已经结束，北京城已经和平解放。北京协和医学院作为美国私人的资产，并未受到干涉，因此一切医疗教学活动仍然井然有序。不过这样的时间并不长，1951年1月20日，北京协和医学院收归国有，改称中国协和医学院。

自1947年北京协和医学院重建开始，原来的员工和毕业生纷纷回到母校任教，外国教授仅娄克斯（Harold H. Loucks）、窦威廉（William H. Adolph）、何伯礼（Reinhard Hoeppli）等回到北京协和医学院。因此在史轶蘩到北京协和医学院就读的时代，大部分教师已经是中国人了，但是秉承着追求卓越的传统，北京协和医学院的医学教育和第二次世界大战前并无区别。

史轶蘩的同班同学张之南在《成长与经历》中详细描述过这段时间的学习。[①] 前两年是基础医学的学习，教材几乎都是经典的英文原著，解剖学是格雷解剖学和Cumminghan的局部解剖学，生理学是富尔顿著的生理学教材，病理学是Boyd的病理学教材，药理学是Goodman和Gilman的药理学教科书。教学方法和考试方法也是不拘一格的。

[①] 张之南：《成长与经历》。北京：中国协和医科大学出版社，2009年。

解剖学考试出的考题很活，譬如一个枪弹从左大腿外侧某点以45度角打穿，问可能损伤什么肌肉、筋膜、血管和神经。

　　生物化学由Adolph教授授课和指导实验……他讲课前常常给每人发一个纸条，问一两个问题，学生迅速答完上交，他就有针对性地讲课，有时在讲完课后，给每人发张小纸条，问一个课堂讲过的有关问题，考查讲课效果，第二天上课再作补充。他讲课时愿意当场做些小实验（大都是有关物理化学方面的）。平时重视安排学生的实验内容和方法，期末考试前让学生自己想个问题、自己设计、自己完成、写出论文、当众报告……整个过程实际上就是一个小型的科研，是一种很好的训练。

　　史轶蘩对这位生物化学老师也记得非常清楚。在她晚年有一次和学生李乃适的交谈中，谈到教学时提到了她当年的生物化学课，作为形式不拘一格和锻炼科研能力的重要例证。

　　进入北京协和医学院第三年也就是六年级起，史轶蘩所在的1946班就进入了临床学习。首先学习诊断学基础。这门课由邓家栋教授主讲，目的在于了解物理诊断的方法和原理，为以后学习各种疾病的诊治思路打下基础。这门课属于很难把握的一种课程类型，因为面对从未正式接触临床的医学生，讲得太浅难以给学生留下深刻印象，不易掌握；太深则涉及各种疾病的内容太多，难以理解。邓家栋讲得非常精彩，史轶蘩在晚年还曾将邓家栋列为对她影响最大的老师之一。

　　内科学也是六年级的一门大课，各系统均由专长该领域的教授讲授，授课形式精彩纷呈但风格迥异。张之南是这样描述的：

　　张孝骞教授讲课一如其人，严谨认真，一字一句地仔细斟酌；刘士豪教授从容不迫，挥洒自如；朱贵卿教授诙谐幽默、听后不忘；张学德教授讲课内容丰富、有条不紊；钟惠澜、黄宛、张安等都有自己的特点。临床医生讲课时好像面前有个患者，常常能讲得生动自然、栩栩如生、易懂好记。①

这一阶段过后进入见习期。张之南认为，"作见习生是学会接触患者、进入临床最重要的阶段"。见习期一个重要的教学制度是协和传统的导师制。张之南对当时的情况也作过描述：

> 全班分三组，每组七八个人，分到三大科，在导师的指导下进行见习。有的同学还计较指派谁作自己的导师，譬如在内科，分到朱贵卿老师门下就高兴，因为他年资高又风趣；分到张学德老师门下也得意，因为张老师讲得多。当时担任导师的大都是教授、副教授，指派给我的是年轻的方圻讲师，他是我的入门老师，他为人谦虚、和蔼，做事认真细致，对患者无微不至，有一颗善良的心，他的一生赢得了光辉的业绩和绝佳的口碑。他作为我的启蒙老师，以身垂范，影响了我的为人和医学生涯……②

从张之南的叙述可以看出，见习期导师对其影响是巨大的。史轶蘩也同样感激她的见习期导师。史轶蘩的导师是其时内科的张安。张安是北京协和医学院1943届毕业生，后来成为著名的血液病学专家。史轶蘩晚年曾说对她的医学生涯影响最大的4个人是刘士豪、张安、邓家栋和张学德。当张安在2009年5月以93岁高龄去世时，史轶蘩也已经住院卧病不起，她得知这一消息后，悲痛得泣不成声。

最后一学年是实习阶段。在当时缺医少药的形势下，北京协和医学院将实习医师的学习任务定位为专科重点实习，因此史轶蘩在这一年都在内科病房实习。对此，在晚年时史轶蘩还表示过对不能在外科、妇产科实习的遗憾之情。

对于当时实习医师学习的紧张程度，张之南在《成长与经历》中作了详细介绍：

---

① 张之南：《成长与经历》。北京：中国协和医科大学出版社，2009年。
② 同①。

实习医生清晨要到病房先查一遍患者，了解一夜有何变化，然后主治医师查房时报告一天来的病情和检查结果，听取分析意见和讨论，查房后随住院医师开医嘱和进行检查操作。午饭后，值班的实习医师回病房，不值班者回宿舍休息，下午到病房，继续上午未完成的工作，去其他有关科室联系和讨论患者病情问题，随时巡视重点患者，书写病历。白班与夜班交接班前，要与住院医师一起晚上查房，把全部患者看一遍，了解白天的变化、病情的危重程度、夜间可能发生的问题，做了必要的即时处理后，向夜班交班，要将夜里可能发生的情况和处理意见全部交代清楚，然后才可离开。夜班接班后，要立即看一下重点和危重患者，熄灯前再快速巡视一遍，熄灯后以及半夜还要对重点患者进行看望。实习医师是隔天值班，但不值班那天也要随叫随到，所以一般也不能离开医院，至少不能走远，要能找得到，所管患者突然发生重大变化时，不论值班与否都要在场参加处理，这就是24小时负责制。这样可以加强对患者全程负责的意识，同时也可以帮助学生了解疾病的全过程及其相应处理。①

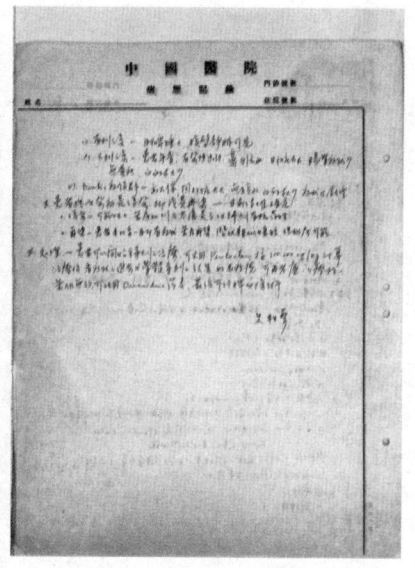

图 2-2　史铁錾实习时期手书的病历

① 张之南:《成长与经历》。北京：中国协和医科大学出版社，2009年。

图2-3 身着学位服的史轶蘩

史轶蘩和她同时代的北京协和医学院的医学生都是在这样严格的要求和忙碌的工作中成长着,很快就到了毕业的时刻。在1951年以前,北京协和医学院的毕业生可以获得美国纽约州立大学颁发的医学博士学位证书,总成绩第一名者可获得文海奖。在政府接管以后采取了意义相当的做法,史轶蘩和张之南、孙瑞龙在毕业时一起被授予优等生称号。

第三章
进入内分泌学领域

内科住院医

1954年，史轶蘩在协和医学院毕业后即留在协和医院内科工作。内科住院医师的工作是艰苦而烦琐的，通常也是默默无闻的，然而史轶蘩很快就在内科脱颖而出，在医生和医学生中颇有名气。

图3-1　20世纪50年代部分住院医师在北京协和医院老楼前合影

（前排左一史轶蘩）

比史轶繁低两届的师妹、北京协和医院心内科教授吴宁回忆说：

每次我听像史轶繁这样的上级大夫查房，都深有感触。他们的问题永远是启发式的，每个问题和问题之间思维清晰。有时，为了给我们提问，她在前一晚就开始准备，就是为了让我们能够学得更生动，印象更深刻。

图 3-2　史轶繁在宿舍

我记得有一次史大夫查房时问了我们三个问题：一个心力衰竭的患者，经过你的治疗后，怎么判断他的病情比进病房时好还是坏？有什么具体的表现能够说明？你应该怎么做？说实话，这样的问题我自己没有深入思考过。只见史大夫走到患者床前，把原本垫在患者背后的两只枕头轻轻地抽掉了一只，询问患者是否感觉舒服。患者点了点头。史大夫回过头来跟我们说："这就是比入院时情况好转了，原来不能平卧的，经过治疗可以平卧，这个简单的表现就能说明患者的病情经过治疗有所缓解。"她这么一个抽掉患者枕头的动作，我至今记忆犹新。

这一实例体现了史轶繁在住院医师这样一个平凡岗位上的工作态度和工作风格，对于患者她不仅能够做到观察仔细，还进行了缜密的思考，并且对医学生进行启发式教学。这种风格一直伴随着她数十年的行医生涯。同时，这一阶段也为史轶繁打下了坚实的临床基础。

师从刘士豪

史轶繁在中学时代就十分擅长理科，喜爱逻辑性强的学科如高等数学，但是临床医学有很多亚学科是以形态学为基础的，更为注重记忆和经验。虽然这从考试方面来说难不倒史轶蘩，但是接触更为注重逻辑性的内分泌学以后，尤其是在刘士豪教授讲授内分泌学以后就更加倾向于选择内分泌专业了。

刘士豪教授是北京协和医学院1925届毕业生，1942年曾在《科学》（Science）上发表论文，命名了"肾性骨营养不良"这一疾病。当时他任协和医学院生物化学系主任，兼协和医院内科教授和北京同仁医院院长职务，在生物化学和临床内科方面均有十分深厚的造诣。刘士豪教授的讲课风格"从容不迫、挥洒自如"，每次讲课座无虚席。他不仅满足于讲授现有知识，还致力于将生物化学的研究成果与临床医学实践相结合，使二者相辅相成，并根据这一指导思想编写了一本影响深远的专著《生物化学和临床医学的联系》，大力提倡基础医学与临床医学的结合。这一思想和当前的转化医学思想如出一辙，对史轶蘩日后的研究有一定的帮助。

刘士豪的授课是以《生物化学和临床医学的联系》为蓝本，将内分泌疾病的机理讲得入木三分，从基础到临床，内分泌疾病诊治思路的逻辑性堪称引人入胜。因此，尽管史轶蘩的见习导师张安教授当时希望史轶蘩选择血液科，但她仍然选择了内分泌专业。1956年内分泌专业组从胃肠病专业组独立出来以后，史轶蘩就开始在刘士豪教授指导下从一名内科内分泌组住院医师开始成长。刘士豪教授特别器重史轶蘩，而史轶蘩也不辜负老师厚望，虽然年纪轻轻却在当时备受好评。以至于北京协和医学院1963级的李光伟在学生时代就已经对史轶蘩和张之南无比敬仰，并将他们作为当时医学生的楷模。

我国第一个内分泌科的组建

北京协和医学院内分泌专业自建院之初即成就斐然。1920年，被任命为妇产学系主任的马士敦（John P. Maxwell）对中国的骨软化症妇女进行了代谢研究。20世纪20年代中期成立了代谢病房，此后代谢研究在国际上逐渐崭露头角。刘士豪于1925年毕业后即进入内科工作，在担任住院医师和总住院医师期间发表了多篇内分泌学论文。1930年，刘士豪从美国洛克菲勒医学研究院回国后专注于内分泌领域，和亨那恩（R. Roger Hannon）、朱宪彝、周寿恺等合作，将中国的骨软化症研究推到了一个新的高度，其中最大成就是在《科学》上发表论文提出了"肾性骨营养不良"的疾病命名。同期，王叔咸对糖尿病的研究也得到了国际上的认可。1936年，刘士豪又发表了中国第一例胰岛素瘤的代谢研究，于1938—1939年在伦敦进修期间还进行了垂体-性腺轴以及水代谢的动物实验研究，使内分泌学在北京协和医院大放异彩。

  1956年，内分泌组从胃肠病专业组独立出来。1957年3月，按照刘士豪的思路，北京协和医院内科内分泌组和基础医学研究所内分泌研究组合并，成立了北京协和医院内分泌科。此后在德国医院旧址筹建内分泌研究所，将北京协和医院内分泌科整体搬迁。于是，史轶蘩跟随刘士豪来到德国医院，由于当年10月德国医院改为高干医院（今北京医院），于是所有人又回到北京协和医院，建制重新编为北京协和医院内科内分泌组，直至1962年年初才重新恢复内分泌科建制，各项临床和研究工作逐渐走上正轨，刘士豪也于1962年起招收研究生。史轶蘩一直在参与内分泌科的筹建工作，在内分泌科的临床工作中起着骨干作用。

  在内分泌科的临床和研究工作开始步入正规化的同时，内分泌高级研修班的工作也开始进行。北京协和医院内分泌科面向全国招收进修医师，每年招收4名，来进修的都是国内小有名气的高年资医生，但福建省的林丽香医师因得到主任的大力推荐，作为主治医师就获得了到北京协和医院进修的机会。林丽香在接受访谈时说：

> 当时我们进修生有4个，我和中山医院的黄葆均教授是刘士豪教授带的，另外一个是颜纯教授，他当时在北京儿童医院，还有吴伟教授，是兰州大学医学院的教务长，他们两个由池芝盛教授带。
>
> 当时我们进修生一起上课，每两周考一次。刘士豪教授每周都会把我叫去，因为我年资最低、知识也最贫乏，他就结合文献跟我谈一

些问题。第一次见面,他就考我外语水平,因为当时国内的内分泌文献还没有,都要参考外国人的。我说我看没问题,后来他就让我翻译了一篇给他看。刘士豪教授还跟我强调临床实践很重要,他给我讲了外国人发现糖尿病的故事。过了一段时间,我发现自己对内分泌这个专业一片空白,觉得光学习理论不行,必须到临床去实践。他同意我的意见,就把我交给史轶蘩大夫,史轶蘩大夫当时是北京协和医院的住院医生,刘士豪教授当时对史轶蘩很器重……[1]

就这样,在很长一段时间里,史轶蘩一直在指导林丽香的临床学习。

我觉得史轶蘩教授知识非常渊博、基本功也很扎实,而且临床实践很认真。她带我的时候,对每一个患者的病史、体征都要核对一下,而且遇到一些疑难的病例,她亲自带我到图书馆查资料,并跟我讨论。她的诊断思路非常清晰,分析的也很到位。因为内科的诊断都是排除法,她能够根据患者的临床症状去逐步排除诊断,最后得到可能性最大的一个诊断。过一段时间后她就去回访患者,回访以后,她就会认真分析自己当时是怎么考虑的,后来诊断为什么变了,患者经过怎样的改变,她甚至会进行一两年的回访。我觉得我从她那里学到的最大收获,就是怎么样进行临床实践,怎么样从临床的问题到课本、然后又从课本回到临床。

史大夫不但思路清晰,而且看问题很敏锐。我们有时把检测的4段尿糖弄混了,她很快就能看出来错在哪里,这主要得益于她扎实的基本功。另外,她很爱护学生,对我的帮助很大。进修时她手把手教我,进修结束后我经常跟她联系,她会介绍文献给我,甚至有的时候她会复印了寄给我。后来她做的一些临床研究,比如生长激素的临床验证,都是叫我跟她一起做的。我在内分泌科工作了这么多年,得到了她很多帮助。另外,她在担任学会负责人期间,对参会成员非常严

---

[1] 林丽香访谈,2014年6月13日,北京。资料存于采集工程数据库。

格，谁要出去玩，她要是知道了，就让他下一次不要再来参会。①

在"文化大革命"到来前，通过自身勤奋努力和名师的指点，史轶蘩已经在临床能力方面取得了长足进步。当"文化大革命"开始后，在没有上级医生指导的情况下，她能够胸有成竹地独立处理临床问题，部分原因与史轶蘩在这一阶段已经打好了基础有关。

参加在首钢开展的糖尿病患者群研究

1964年，刘士豪教授在首都钢铁厂（简称首钢）开展了糖尿病研究。这一研究最终因"文化大革命"的到来戛然而止，而收集的几十箱资料也在"文化大革命"期间毁于一旦，因此未能产生任何成果。但是，这一研究体现了刘士豪教授对糖尿病流行病学的重视并拟开展的科研方向，同时这一研究也起到了培养人才的作用。

据邓洁英教授回忆，她最早和史轶蘩有真正接触就是在参加首钢糖尿病调查的现场。

我是1962年9月毕业以后分配到内分泌科的。那时史轶蘩是内分泌科的大夫，我虽然认识她，但不熟悉，因为我在实验室工作，她在临床。真正跟史轶蘩接触是在1964年前后，去首钢普查糖尿病。那时候是池大夫主持的，去的高年资大夫有史轶蘩、潘孝仁、张桂元，我们这些人刚毕业，就去跟着收集餐后血糖，他们告诉我们怎么收集，怎么跟工人说，也就是那时候开始接触史轶蘩的。

孙梅励教授也回忆了当时去首钢调查现场的情形：

---

① 林丽香访谈，2014年6月13日，北京。资料存于采集工程数据库。

我是1964年分到北京协和医院内分泌科的,那时刘士豪教授是主任,池芝盛教授是副主任,史轶蘩是主治医生,管临床,所以那时候我们的交流不多。后来我们去首钢普查糖尿病才慢慢和史轶蘩有了更多的交流。因为我是实验室的,主要负责测血糖尿糖、量血压,还要跑去采血、做宣传,史轶蘩也跟着我们一起下厂。

首钢很大,有很多个炼钢厂、锻压厂,每个厂我们每天一早就跑去,在工人开始干活之前去做宣传,让他们取血留尿。那时候上至行政、下到各个车间,我们调查了上千人。我们当时是实习研究员,很年轻,史轶蘩是主治医生,她也跟着爬上爬下。[①]

参加这一研究的史轶蘩、潘孝仁、张桂元、邓洁英、孙梅励等人后来均成了内分泌学专家,该研究或多或少地对他们产生了影响。例如史轶蘩在20世纪80年代对矮小症的流行病学研究、潘孝仁教授在90年代的大庆糖尿病预防研究,均可隐约见到这一研究的影响。

这一时期,史轶蘩就在这种临床与科研结合的氛围中不断成长。然而好景不长,1966年"文化大革命"遽然而至。

---

① 孙梅励访谈,2013年9月5日,北京。资料存于采集工程数据库。

第四章
"文化大革命"中的历练

特殊时期

1966年,史无前例的"文化大革命"不期而至。北京协和医院成为风暴的中心。张孝骞、刘士豪、黄家驷……这些一直以来受人尊敬的花甲老人都成了"反动学术权威",被一批年轻的"红卫兵"列为批斗对象。

史轶蘩是旧社会海关大员的"二小姐",当时直接归入"出身不好"的一类,加上她从小到大先是在教会中学读书,后来又到燕京大学和协和医学院接受了"精英教育",自然属于被"革命"的范畴。幸运的是,各类"反动学术权威"云集北京协和医院,史轶蘩这样的主治医师引不起"红卫兵"们的兴趣,因此也就幸运地逃脱了频繁被批斗的命运。

当时内分泌科作为一个科室已经名存实亡,实际是以内科党支部的形式来开展临床工作的。金自孟教授在接受访谈时详细谈了这一段的状况:

我是1965年8月毕业以后分配到北京协和医院的,当时来的时候是内科,不久"文化大革命"开始了,正常的工作秩序全都被打乱了,主任们都被关到了牛棚里。那时内科和内分泌科是一个档次的,很多工作相互之间都是紧密相连的，内科的老主任张孝骞，他查房也到内分泌科来。

不管主治医师还是住院医师，在病房里面就得管患者。每个病房几个医生自己商量以何种形式管理。我当时在的病房有方圻大夫、纪宝华大夫、陶雪莲大夫，我们四个人管一个病房，把所有患者分成三个组，一个病房45张床、每人管15张，三个人上白班，一个人上夜班，两个星期轮换一次。方大夫那时是副教授，47岁了，也要跟我们一样轮班。我当时年轻，在病房里问得最多的就是方大夫，跟着方大夫学。①

在这种情况下，科研是不能搞了，但是临床医学实践仍在继续。

"文化大革命"中的医学实践

"文化大革命"时期，既非"革命"中坚，又非专政对象的史轶蘩仍然特别忙碌。与其他科研单位不同，北京协和医院的患者总是相当多的。病房里总是住满了患者，由于上级大夫被"专政"了，有"政治问题"的同事也不能工作了，史轶蘩的工作量和担子不断地加重。有一段时间整个病房就只有她和纪宝华大夫两个人管着，临床任务极重，工作量远远超过常规强度。

因为史轶蘩年资高，很多时候都得由她做临床判断和决定，因此临床能力在这种情况下也被训练得越来越强，但临床风险也是非常大的。非常幸运的是，当时的主任刘士豪从牛棚里被放出来后，工作任务就是打扫病房的厕所。他经常悄悄地观察患者，在没有其他人的时候会向史轶蘩进行面授，史轶蘩在遇到难以解决的问题时也常常悄悄地找机会向刘士豪请

---

① 金自孟访谈，2013年4月24日，北京。资料存于采集工程数据库。

教。在1990年全国内分泌学年会纪念刘士豪、朱宪彝、邝安堃3位中国内分泌学奠基人时，史轶蘩声泪俱下地回顾了这一段感人的历史。这样，史轶蘩的临床实践水平和名声都在不断提高，其他医师也常常向她咨询问题。据金自孟教授回忆[①]：

> 后来我从病房出来，1968年到内科门诊。只有少数几个医生在病房，其他医生都在门诊，当时内科门诊有九十多个医生。病房医生少，而且很可能一待就是很长时间，像我当时连着待了16个月。1968年到了门诊，门诊医生大家轮着当总值班，这样可能十天或者两周轮到一次。当轮到内科总值班的时候，晚上急诊、到其他科室的会诊都要管，这样必然要遇到一些内分泌方面的问题。我那时候年轻，有问题就问内分泌科几个医生，我问得最多的是史大夫，她讲得最透彻，业务能力比较强。
>
> "文化大革命"的高潮过去以后，内分泌科的工作逐步恢复了一些，本来内科和内分泌科门诊混在一起，后来门诊4、5、6、7四个屋子，叫号的有意识地把内分泌患者放在这四个屋子。史大夫经常在那个地方看门诊，我有问题就问她。1971年，1960—1965年到内科的大夫正式分组，我被分到了内分泌组。1973年我被调到病房，我那时年轻，很多东西不熟悉，经常向内分泌的上级医生请教，史大夫啊，孟大夫啊，潘孝仁啊，从业务上来讲，我问得最多的是史大夫。史大夫有个特点，如果你问了以后，她怕你给她汇报的不正确或者不清楚，会亲自到病房看患者，看完再告诉你怎么处理。

1973年，当时"文化大革命"的高潮已过，在章央芬副院长的努力下，"文化大革命"期间未能读完临床医学课程（1968年毕业的八年制学生）的学生得以从大西北地区回到北京协和医院进行"回炉"，这一举措使一大批优秀人才的临床水平得以大幅度提高，后来在恢复研究生制度后相当一部

---

① 金自孟访谈，2013年4月24日，北京。资料存于采集工程数据库。

分考上了研究生，日后成为北京协和医院和其他医院的学科带头人。李光伟就是那200多名"回炉"的协和人之一。他回忆当时对史轶蘩的印象：

> 当时史大夫还不是教授，是主治医师。实际上，当时整个内分泌科没有几个主治医师。那时主治医师在我心目中就已经非常高大了，因为那时他们就有很多论文在国家级的医学杂志上发表了，而且全国闻名。史大夫在北京协和医学院就读期间就拿了"金钥匙"奖学金，成绩非常好，是北京协和医学院学生的榜样，现在工作了也非常优秀。我非常钦佩史大夫，但是没有见过面，并不知道她如何授课、如何查房的。1973年"回炉"的时候，我才第一次接触到史大夫的查房，感觉非常严厉。①

在"文化大革命"期间，史轶蘩的临床水平逐渐提高到一个令人惊叹的水平。金自孟在回忆中举了一个难忘的例子：

> 史大夫在业务上给我印象很深的是，当遇到一些疑难病例时，她总能够想办法去解决。我举个例子，1970年1月5日凌晨云南发生了通海大地震，当时北京组织了四个医疗队，由北京协和医院负责一个医疗队。在灾区我们碰到一位糖尿病酮症酸中毒的患者，那个时候一个单位胰岛素都没有，史大夫就带领我们守在患者身边，靠一点一点的输液，在严密的观察下，花了不到两天的时间把患者抢救过来了。在医疗队的帐篷里，没有现在这些仪器，包括实验室仪器都没有，检验科也只能简单的查查白细胞、尿常规之类的。但是就在那种条件下，没用一个单位胰岛素，就把患者的酮症酸中毒纠正过来，说明史大夫不仅工作认真负责，对患者观察仔细，还体现出她的临床功底非常深厚。②

---

① 李光伟访谈，2014年3月16日，北京。资料存于采集工程数据库。
② 金自孟访谈，2013年4月24日，北京。资料存于采集工程数据库。

家庭生活

1955年7月,史轶蘩和徐锡权结婚。徐锡权是军医出身,曾经在北京协和医院工作过一段时间,在那结识了史轶蘩。1956年、1957年和1960年,他们的3个孩子陆续降生,给他们忙碌的生活带来了新的气息,但也使他们更忙了。当孩子们陆续进入学龄阶段,"文化大革命"开始了。

北京协和医院当时的形势和史轶蘩自己的性格都使得她将绝大多数精力投入到工作中去,而不得不牺牲家庭生活。一方面,如前文所述,医院里原来是顶梁柱的老教授被打倒了,一批出身不好的高年资医生也被剥夺了工作资格,还有一批被送到大西北去了,但医院的患者并未减少,剩下像史轶蘩这样能够正常工作的医生就变得任务繁重、压力巨大。另一方面,史轶蘩从上学开始学习成绩一直比较优异,不管外界环境如何,她都能够做到最佳。在当时那种复杂的形势下,史轶蘩自然愿意勇挑重担。但是如此一来,留给家庭的时间就微乎其微了。李光伟对史轶蘩和她交谈时说的话深有感慨:

图4-1 史轶蘩与丈夫徐锡权

图4-2 史轶蘩全家福(前排左起史轶蘩、徐锡权,后排左起徐凡、徐石、徐谊)

她说,培养一个医生,医生个人要有很多的牺牲。她觉得她很对不起自己的孩子,她当住院大夫的时候,孩子在一边哭,她都没时间管，在旁边一边扇扇子生火做饭一边看书。①

史轶蘩晚年时对于在家庭的精力投入过少这一点非常遗憾，但她对子女的爱是埋藏在心底的。

1971年，史轶蘩15岁的儿子徐石去参军，在送徐石上火车时，史轶蘩哭了。她的幼子徐凡对那个场景仍然有着深刻印象：

>在我的印象中，这辈子我就见我妈哭过两次，其中一次就是送我哥哥去当兵。那时候他才15岁，个儿比较矮，穿个海军的那种大衣服。在丰台火车站有一个大闷罐的车，车上铺着草，然后我哥哥背着一大包东西就蹦上车，车门关上的那一刻，我妈掉下了眼泪。②

史轶蘩的学生潘慧在接受访谈时认为，史轶蘩对子女、对其他人的态度实际上是一种深深的关心，但往往不会去主动表达。

>在史大夫的追思会上，我自己的体会就是，北京协和医院的院训是"严谨、求精、勤奋、奉献"。史大夫把这八个字做到了极致，以至于在旁人眼里她有点怪，没有生活情趣。其实我觉得那不是真实的史大夫，我自己的体会，其实她是个很可爱的老太太，只不过因为事业，她是真的玩命。其实她不是不爱她的儿女，她可能不太愿意去主动表达，但是心里却深深地关心着。其实我做学生也是这样，她经常主动地问你，只不过她用

图4-3 史轶蘩在厨房

---

① 李光伟访谈，2014年3月16日，北京。资料存于采集工程数据库。
② 徐凡访谈，2014年4月21日，芝加哥。资料存于采集工程数据库。

另外一种方式表达,所以有的时候大家会觉得她说话太直接了,但史大夫没有坏心,她其实本意是好的,希望你能好,可能在方式上有点太直接了……①

---

① 潘慧访谈,2013年10月24日,北京。资料存于采集工程数据库。

第五章
重新开始学术研究

神秘的垂体

垂体是人体内一个非常神秘而又特别重要的内分泌腺。尽管它只是一个直径不到 1 厘米的卵圆形腺体，但垂体几乎位于整个头颅的中央。从另一个角度看，它又是通过漏斗部悬挂于大脑的底面，下方紧挨蝶窦的上壁，前后左右均是骨组织，上方则为唯一的软组织——视交叉所在。这一结构特点也使视野缺损成为垂体瘤的可能症状之一，因垂体瘤增大后极易压迫视交叉。这一特殊的位置决定了垂体瘤手术的特殊性，即因其位置在脑内过深而大大增加了开颅手术的难度。

从功能上说，垂体在人体的内分泌腺中堪称最为复杂，与其他多数内分泌腺只分泌单一激素的特点不同，它能合成并分泌若干种内分泌激素。垂体分为前叶和后叶，前叶存在着 5 种内分泌细胞，分别合成和分泌生长激素、泌乳素、促肾上腺皮质激素、促甲状腺激素、尿促卵泡素和黄体生成素（最后两种激素由同一细胞分泌）。后叶可分泌两种激素，分别为抗利尿激素和催产素，是由下丘脑的神经元细胞合成后运输到垂体后叶储存，在特定的情况下由垂体后叶分泌入血。因此，垂体任何一种内分泌细胞出现问题，都有可能带来某种激素的分泌增多或减少，诱使人体某些生理功能出现异常，导致内分泌疾病的发生。

激素分泌性垂体瘤是常见的垂体疾病之一。一般来说，首先出现的症状是垂体瘤分泌的特定激素增多造成的。举例来说，垂体生长激素瘤（GH瘤）可以产生过量的生长激素，而生长激素是可以促进生长的，因此垂体生长激素瘤患者如果是幼年发病的话，就会出现生长速度明显增快的情况，身高明显高于同龄人，于是就形成了巨人症。如果是垂体促甲状腺激素瘤患者，就会产生过量的促甲状腺激素，而促甲状腺激素又作用于甲状腺，让甲状腺合成并分泌过量甲状腺激素，引发甲状腺功能亢进症。因此，激素分泌性垂体瘤的表现是多种多样的，而血液中激素水平的高低其实是诊治的核心之一。

激素测定长期以来是内分泌领域的一大难题，直至1959年放射免疫测定法问世以前，血液中激素浓度均无法精确定量测定，垂体来源的内分泌疾病基本上均依赖临床症状进行诊断和试验性治疗（手术治疗为主）。但自20世纪60年代以来，各种垂体激素的测定方法陆续建立起来，对于垂体疾病的认识和诊断水平突飞猛进。影像学技术的突破、手术显微镜的逐渐普及、相关药物的发明……垂体疾病的诊治进入了快速发展的新时代。由于我国同一时期在相关领域并未有长足进展，因此到70年代末，对垂体疾病的认识距国际先进水平相去甚远。

北京协和医院内分泌学科的发展在20世纪60年代后期也受到了很大影响，然而放射免疫测定法却与北京协和医院有着不解之缘。

建立生长激素的放射免疫测定法

放射免疫测定法的发明促进了临床内分泌学的飞跃式发展。由于内分泌疾病本质上是人体血液循环内的激素异常，要么是激素过多，要么是激素过少，因此激素的测定对于临床内分泌疾病的诊断有着不可替代的价值。然而，在放射免疫测定法发明之前，血液中激素的浓度是无法直接定量测定的。少数情况下可以采用生物学测定法，即从生物学效应来间接判断激素的浓度。如在1936年刘士豪教授发表的我国第1例胰岛素瘤的论文中[①]，他就用手术取出的肿瘤进行匀浆处理，然后将匀浆液注射到小鼠体内，观察小鼠血糖的变化以确定肿瘤中胰岛素的含量。直到放射免疫测定法发明以后，各种激素在体液中的浓度才逐渐能够被准确地测定。因此，放射免疫测定法可以说是促成内分泌学从一个定性的学科向定量的学科转化的重要因素。

1959年，美国纽约生物物理学家Yalow和Berson建立了胰岛素的放射免疫测定法，其论文《人内源性血浆胰岛素的免疫测定》（*Immunoassay of endogenous plasma insulin in man*）于1960年发表于著名期刊《临床研究杂志》上。这一成就在当时引起了轰动，并于1975年被授予美国医学会科学成就奖，1976年被授予拉斯克基础医学研究奖，1977年被授予诺贝尔生理学或医学奖。迄今为止，大多数激素的临床测定方法均为免疫测定法，而这些现行方法均由放射免疫测定法发展而来。

放射免疫测定法主要应用了两个原理：一是抗原和抗体的特异性结合，二是放射性同位素的放射性可精确测定。这一方法需要激素的标准品（即高度提纯的蛋白质激素粉末）、能够与该激素特异性结合的抗体、用放射性同位素标记的蛋白质激素以及其他辅助试剂。放射免疫测定法作为临床上激素测定的常规方法统治了20余年。在该方法基础上，随着单克隆抗体技术的发展，放射性同位素标记抗体的免疫放射测定法开始出现，此后用酶或化学发光染料代替放射性同位素的酶联免疫测定法和化学发光免疫测定法逐渐兴起，因为其高精度和无污染的特点，取代了放射免疫测定法在激素测定中的地位。

"文化大革命"以前，刘士豪教授一直订阅国外的重要期刊。因此，刘士豪也看到了Yalow和Berson的论文，立即意识到放射免疫测定法对内

[①] Liu SH, Loucks HH, Chou SK, Chen KC. Adenoma of pancreatic islet cells with hypoglycemia and hyperinsulinism: report of a case with studies on blood sugar and metabolism before and after operative removal of tumor. *J Clin Invest*. 1936, 15(3): 249-260.

分泌学的重大意义，所以他在1962年招收研究生陈智周，其研究课题就是建立胰岛素的放射免疫测定法。1965年年初，历经种种不利环境因素后，胰岛素的放射免疫测定法在协和正式研发成功。这一测定方法如果与当时在首钢进行的糖尿病筛查相结合，将有机会赶上国际前沿。然而，"文化大革命"的爆发使该项目彻底流产。此后，刘士豪打算建立生长激素的放射免疫测定法，可惜也因特殊时期而化为泡影。史轶蘩和刘士豪就放射免疫测定法是否直接交流过现在已经不得而知，但显然他们都把握了学科发展的制高点。

"文化大革命"后期，我国和西方主要国家的关系开始缓和，国际交流有所恢复。1974年年初，陆召麟被派到英国进修，主要学习各种激素的放射免疫测定法。1975年夏秋之交，陆召麟回国。回国前他向英国导师提出，能不能带一些实验用原料回国，以便在国内开展工作。于是，导师给了他一些激素的标准品，包括促肾上腺皮质激素、生长激素等。当时这些标准品都非常贵，因此陆召麟也只能获赠很少的一部分。回国以后，陆召麟和相关人员根据文献仔细分析了用这些标准品制备抗体的可能，均得出否定的结论。于是，这批标准品就先暂时存放在冰箱里。几个月以后，研究小组讨论后认为传统的抗体制备方法是皮下注射法，但生长激素标准品的量不够，而以往并未有人尝试静脉注射，这一方法值得一试。于是，他们用静脉注射法对实验用兔进行了生长激素标准品的主动免疫，结果出乎意料，对5只兔子进行了试验，其中4只产生了大量的抗体，后来收集的兔血清抗体直到化学发光免疫测定法代替放射免疫测定法成为北京协和医院常规生长激素测定方法时都还未用完。生长激素的测定成为现实，为垂体疾病的研究提供了一个崭新的平台。史轶蘩深知这一成果的重要性，立即着手将它转化为临床应用。

将生长激素定量测定这一成果用于临床的第一步是确定正常人的参考值范围，这不是一件简单的事。由于生长激素是一个在血液循环中波动很大的激素，一个小小的刺激也有可能使血液循环中生长激素的水平增高。当正常人处于基础状况的时候，血液循环中的生长激素是极低的，与生长激素缺乏的患者无法区分。因此，简单测定血液循环中生长激素水平是不能解决问题的。

为了区分生长激素是否分泌过多或过少，常常通过功能试验兴奋试验和抑制试验来测定。兴奋试验是鉴别是否存在生长激素分泌不足的情况，即用一种可以刺激生长激素分泌的方法对受试者进行刺激，然后测定血液循环中生长激素水平，如果足够高，说明该受试者不缺乏生长激素；如果始终处于低水平，则考虑生长激素缺乏症。抑制试验则是鉴别是否存在生长激素分泌过多的情况：用一种可抑制生长激素分泌的方法作用于受试者（临床上通常选用葡萄糖），如果受试者的循环生长激素水平下降到一定水平以下，则说明受试者生长激素分泌可以受到正常调控；如果不能下降到一定水平以下，则说明受试者的生长激素分泌不受正常调控，考虑为自主性分泌，必然会分泌过多。那么确定这些临界值就需要用正常受试者进行试验。

于是，史轶蘩成为正常受试者的第一人。有一次她和学生李乃适聊天时说："我几乎做过所有的功能试验。最难受的试验是胰岛素低血糖（兴奋试验），然后是T3抑制试验，那个心慌的呀……"也就是说，几乎所有临床内分泌功能试验正常参考范围的确定都是从史轶蘩开始，她不仅是设计者，也是受试者。

在确定各种功能试验的流程以后，史轶蘩开始将功能试验用于生长激素分泌异常的患者，使这类患者的诊治水平得到了大幅度的提高。这样，《生长激素葡萄糖抑制试验对肢端肥大症的诊断价值》《人生长激素刺激试验对成人垂体功能测定的临床应用》《肢端肥大症190例的临床表现：对病情活动指标进行探讨》《垂体性巨人症31例的临床表现：与肢端肥大症比较》等一系列论文陆续发表，而放射免疫法测定生长激素这一基础医学的成果转化成为临床医学的进展，生长激素相关疾病从此在我国得以早期诊断、早期治疗。1981年，邓洁英、史轶蘩、陆召麟、关炳江、刘书勤负责的临床科研项目"人血清生长激素放射免疫测定及临床应用"获得卫生部医药科学技术进步奖二等奖。

多年以后，史轶蘩最重要的搭档之一邓洁英教授回忆起刚开始开展这个宏伟项目的起始阶段时仍然记忆犹新：

我与史大夫接触比较密切还是我们合作以后，我记得是池大夫当主任的时候，史大夫开始从事垂体方面的研究，当时她说要一个有基础的人跟她一起做，我就去了。从那时开始，一直到退休，差不多四十几年，我跟史大夫的接触还是比较密切的。

我对史大夫的印象，从科研的角度，第一个是博学的学者，她的知识面很广，有很丰富的临床经验；第二个我觉得她是一位很杰出的科学家、内分泌学家，因为她开创了垂体病以及内分泌的临床药理研究。在这之前我国在垂体病方面还是一个空白。其实不只是垂体病，内分泌的整个发展也是这样，激素的测定决定着很重要的因素。20世纪50年代因为激素水平很低，不能测定，到了50年代末，那时候Yalow和Berson创立了激素的放射免疫测定方法，开辟了一个新的篇章。由于激素可以测定、特别是蛋白质激素可以测定以后，60—70年代可以说是内分泌疾病诊治水平很重要的一次飞跃。

我刚到北京协和医院内分泌科时还不能直接测激素，"文化大革命"以前，我测尿里的儿茶酚胺和去甲肾上腺素，由于儿茶酚胺不是蛋白质激素，用荧光测定还可以测定。所以史大夫和我合作了第一篇文章《嗜铬细胞瘤的药理实验和生化指标》。当时文章没有发表，直到"文化大革命"以后才发表的。20世纪70年代我们的诊断水平跟国外50年代的水平差不多，比如说肢端肥大症，当时的诊断都是看见患者的外貌有明显改变了才能够诊断。那时已经耽误治疗了，只能控制并发症，没有办法根治了。

当时有一个契机，就是陆召麟从英国回来，带了一点生长激素的标准品，回来以后我跟他一起开始建立生长激素的放射免疫常规。大概在1975年的时候就做成了，刚好史大夫也是在垂体组，在这样一个有利的条件下，史大夫抓住这个切入点开始研究垂体病。

由于放射免疫测定生长激素的灵敏度不是很高，所以生长激素缺乏它测不出来。另外，如果患者的情绪波动很大，测出来的指标高，不一定就是生长激素多了。所以当时设定一个指标、进入临床还是有困难的。史大夫当时就抓住，垂体瘤研究的第一步就是功能试验，必须兴奋试验和抑制试验两个同时进行，兴奋试验首先是在健康成人身上做的。第一个试验是胰岛素耐量试验，第一个受试者就是史大夫，这把我吓坏了，因为我不是临床医生也没有什么经验，当时谁也没做过胰岛素耐量试验，打胰岛素都是按照文献来打。胰岛素打进去，史大夫反应特别厉害，全身大汗、心率加快，低血糖反应很明显。史大夫不仅带头做受试者，试验的准备工作如领输液架子、领药品、联系吃饭等都是史大夫弄的。因为我不是临床的，人都不认识，而且刚来不久，所以都是史大夫来做。后来，史大夫又组织科室不同年龄组的同事来做试验。[1]

内分泌科的重新起航和垂体组的成立

1978年3月，全国科学大会在北京隆重召开，科学的春天终于来临。对于内分泌科来说，1979年才是重塑辉煌的起点。据金自孟教授回忆：

一直到1979年，我们组的工作才重新启动。为什么是1979年呢？因为"文化大革命"时相当于我们和内科混在一起，门诊也在一起，没有完全分开。1978年我们的门诊楼，也就是现在东单那个门诊楼建成，1978年10月门诊楼启用我们内分泌科，才有了独立的门诊，工作也开始恢复，逐步走上正轨。

由于内分泌科的工作在"文化大革命"时期停顿和落后许多，现在要重新起步，要重新追赶，像我们以前那样不分组对内分泌科的工作不利，所以史大夫提出来内分泌科应该分组，于是在1979年就分了组。内分泌科从患者的数量来讲，糖尿病的患者最多，所以当时糖尿病组最大，有11个大夫，池大夫是当时内分泌科的主任，由他负责

---

[1] 邓洁英访谈，2013年4月27日，北京。资料存于采集工程数据库。

糖尿病组。甲状腺方面的疾病以甲亢甲减为主，白大夫做甲状腺组的组长。我们这个垂体组完全是新的，当时全国都没有垂体组。我们垂体组四个人，临床有史大夫和我，实验室就是邓洁英老师，另外有个技术员小高。①

从此北京协和医院内分泌科的医教研工作重新走向正轨，而史轶蘩也在51岁的时候开始了新的创业。邓洁英和金自孟作为她人生中的最重要的合作伙伴，从这时候开始了共同奋斗的历程。这一组合从此开创了通往辉煌的道路，获得了大大小小无数奖项，其中也包括迄今内分泌学界唯一的一个国家科学技术进步奖一等奖。他们的合作和友谊从那时候起持续30余年，为我国的垂体疾病的诊治和发展作出了不可磨灭的贡献。

奔赴 NIH

1978年全国科学大会以后，科学界对外开放的政策逐渐兴起，国内的科研人员开始有了出国进修的机会。凭借流利的英语和扎实的专业基础，史轶蘩是很有机会出国深造的。然而，当医院第一次提供出国进修的机会时，报名资格的标准里有一条是小于50周岁，而史轶蘩却刚刚跨入51岁。

看着当年的师弟师妹们以高分通过英语考试并获得去美国进修的机会时，史轶蘩极不甘心。在继续努力工作的同时，史轶蘩继续着自己的知识积累。终于，机会来了。美国国立卫生研究院提供了进修机会，这次没有年龄限制，史轶蘩如愿以偿。

1981年1月7日，史轶蘩登上了去往美国的飞机。凑巧的是，这是1979年中美建交以后第一架直航的飞机。电视新闻在播放这一历史性场景时，恰好捕捉到了史轶蘩在舷梯上回眸的一瞬间。这是中美交流的新纪

---

① 金自孟访谈，2013年4月24日，北京。资料存于采集工程数据库。

图 5-1 1981 年史轶蘩在美国国立卫生研究院作访问学者学习时的留影

元,也是史轶蘩从一个优秀的临床医生转变为一名杰出的医学科学家的重要转折点。

NIH 的学习和生活

关于史轶蘩在美国国立卫生研究院的学习和生活,她的导师 Richard J. Sherins 分别于 2012 年和 2014 年两次撰写了回忆录,简明扼要地描述了史轶蘩在美国进修的情况,并在 2014 年表达了对史轶蘩逝世的深深的悲痛和惋惜之情。

Sherins 教授在 2012 年的回忆录里是这样写的:

> 史轶蘩博士在美国中华医学基金会的资助下,于 1981—1983 年到美国马里兰州贝塞斯达市美国国立卫生研究院进行为期两年的访问学者学习。美国中华医学基金会成立于 1914 年,主要工作是管理其在中国的医学事业和医学教育,并在 1921—1951 年为北京协和医学院提供捐赠基金和持续的经济支持。1979 年,美国中华医学基金会重新开始资助中国学生接受医学教育。由于史博士原本接受的是内分泌

方面的培训，对生殖内分泌学有较强的兴趣，她被邀请到我的实验室（国立儿童健康和人类发展研究所发育内分泌学分所的生殖内分泌部门）。她的加入，从工作和生活上都给我们带来了一段最为幸运、富有成效且令人愉悦的经历。

在史博士到美国国立卫生研究院进行学习之前，她已经是北京协和医院出色的内分泌学家，以她深厚的知识和技能、教育和培训技巧以及领导才能而著称于这所中国最有名望的医疗机构。她接受过经典的高等教育，能流利地运用英语，这有助于她紧跟国际上的医学文献和吸收研究、实验室方法和患者管理中的新概念。当然，对于首次迈出国门的史博士，良好的语言能力也帮助她迅速融入新文化之中。她对中国历史有相当深入的了解，给我们提供了了解中国传统文化的机会。

史博士一到实验室就非常投入地参与了我们部门的所有活动。每周从早到晚，甚至周末都有各种实验室和临床活动。我们发育内分泌学部门由一群兴趣广泛的高级研究员组成，管理三个大型临床病房，临床资料涉及的广度非常出色，进行的研究包括库欣综合征、垂体瘤和甲状腺疾病、神经性厌食、男性生殖内分泌疾病和女性生殖内分泌疾病。此外，还有一个病房专门治疗儿科内分泌疾病，包括性早熟、特纳综合征和青春期延迟。在我自己的诊所内，史博士参与了一系列男性生殖内分泌疾病的诊断和治疗，包括青春期延迟、单一性促性腺激素缺乏症、Kallmann综合征、垂体瘤、原发性性腺衰竭、癌症治疗后生殖系统疾病和成人发病的特发性男性不育症。我们特别关注的是人类精子生成需要的激素、男性生殖生理学和优化实验室精子评价方法，当然还有生殖激素的放射免疫分析方法。除了我们部门的活动，史博士每周还定期参加美国国立卫生研究院下属七个研究所举办的研讨会和临床病例讨论会，广泛接触临床和基础科学研究。她还和研究糖尿病、生长激素、甲状腺和甲状旁腺功能障碍及嗜铬细胞瘤的访问科学家进行交流讨论。这些为她评价前沿方法、学习内分泌生物学和进行临床药物试验都提供了良好的环境。在与30多位高级研究员和众多来自美国及其他国家的同事的交流中，她的研究方案设计和数据分析都得到了宝贵、严谨又富有建设性的意见。

史博士在学习期间的工作富有成效，她发表了两篇原创文章，主要是关于水溶液中促性腺激素释放激素的长期稳定性和雌二醇水平相对增高导致精子生成选择性耗尽增多后的泌乳素水平增高。同时，她对男科学领域的关键临床疾病也形成了系统性的认识，包括男性促性腺激素缺乏和成人发病的男性不育症的相关研究和治疗。1982年，她分别在内分泌学会（旧金山）、美国男科学学会（费城）和睾丸研讨会（纽约）上作了研究报告，接触到来自各大洲的众多杰出内分泌学家，在享有声望的杂志上发表了她的科研成果。

她在美国国立卫生研究院学习期间，我们成了非常亲密的朋友。她刚到美国，突然置身于陌生的环境，需要在日常生活的各个方面做出调整，她开始想念家乡，但她最想念的还是她的家庭，尤其是孩子们。在我的三个女儿中，最小的那个那时12岁，史博士把她当成自己的女儿，经常与她拥抱、轻柔抚摸，以表达内心的喜爱。很多时候，我们分享各自不同的文化、历史和家庭故事。我妻子Audrey和轶繁成了非常亲密的朋友，叫她"我的中国姐妹"。当她进修结束要回到北京时，我们都非常不舍。

回到中国后，她的工作获得中国医学科学院的肯定，她不断增长的医学智慧被认定具有最高的科学水平。幸运的是，我们之后有过数次重聚。1984年，史博士安排我和妻子到中国访问。我在北京协和医院进行了六场关于男性生殖生理学、人精子生产过程的激素调控、癌症治疗对生殖功能的影响的讲座，同时针对特定的男性生殖疾病进行数次讲座。卫生部邀请了大约30位高级内分泌学家出席我的研讨会，他们来自中国的各个省，这是我职业生涯中最令人满意的经历之一。除了在北京协和医院进行讲座和交谈，我和妻子还首次在中国旅游，我们不仅游览了北京的历史地标和长城，还去了古老的城市西安、风景美丽的桂林和广州。最值得纪念的是我们和史博士在长城上漫步，到史博士家中与她的孩子们会面、共享晚餐，与史博士的丈夫徐博士交流。后来史博士每次到欧洲参加国际会议或者参与世界卫生组织的

图 5-2　1984 年 Sherins 教授夫妇访问北京协和医院

活动，在她回国之前我们都会聚会。1996—2002 年，我到中国进行自己研究领域的讲座，也在北京和她见了几次面。我们最后一次见面是 2000 年。我们每年都定期写信，直到最近几年她的身体开始出现一系列阻碍我们进一步交流的健康问题才终止。

史轶蘩博士是很有天赋的医生和教育家。当她在 20 世纪 80 年代有机会出国时，选择在美国国立卫生研究院加入我们、一起工作、扩展内分泌学和生殖医学上的科学视野，是我们彼此的幸运。她是求知若渴的学生、富有创造力的思考者，也是出色的医生。我们建立了持续一生的友谊。①

2014 年 6 月 9 日，Sherins 教授再次饱含深情地撰写了有关史轶蘩教授在美国国立卫生研究院的回忆录。

1981 年 6 月至 1983 年 6 月，史大夫在我的实验室里进行 fellowship 培训，这期间她发表了两篇文章：《LHRH 水溶液的长时间稳定性》和

---

① R. Sherins 教授回忆录，2012 年 9 月 12 日，纽约。资料存于采集工程数据库。

《雌二醇水平相对增高导致精子生成选择性耗尽增多后的泌乳素水平增高》。选择这些研究方向，不仅是因为这是当时我的实验室研究兴趣所在，还因为我们需要选择在规定的短短一年的 fellowship 培训时间内能够完成的项目。最终我们做到了，第二年申请了额外的资助。

在她的 fellowship 期间，像其他参加美国国立卫生研究院"研究所际间内分泌培训项目"的博士后一样，史大夫参与了多方面的工作。"研究所际间内分泌培训项目"有美国国立卫生研究院内七个独立的研究所参加，每个研究所都有各自的内分泌科。史大夫参与了以下工作：①病种丰富的内分泌门诊；②以男性生殖系统为研究方向的实验室工作；③住院医师轮转，轮转中常见病种有男女生殖性疾病、库欣综合征、小儿生长发育问题、垂体疾病；④各种会议和研讨会，能够接触广泛的医学和科学前沿知识。

我们关于科学的理解是，想在医学领域学习一些知识，你必须产生假设然后想方设法测定。20世纪60年代初期，放射免疫分析法刚刚出现，当时的技术仅仅能够测定微量血中胰岛素的含量。很久以后，其他激素如促黄体生成素（LH）、促卵泡生成素（FSH）、睾酮、雌二醇、泌乳素才能够用相似的方法测定，生殖系统生理学才得到了快速发展。1981年史大夫来到我们实验室时，关于泌乳素、促黄体激素释放激素（LHRH）在男性中的作用所知甚少。那个年代这方面的科研是令人兴奋的。

1975年，"男科"（男性生殖科学）才正式在美国得到广泛关注，尽管欧洲（尤其是德国）关注男科学的时间稍早，但在此领域也仅有皮肤科大夫关注了梅毒的皮肤表现。大约在1980年，一名来自德国的医生从美国国立卫生研究院结束培训回国后，男科学才在欧洲开始成为一个独立的研究领域。

1969年我来到美国国立卫生研究院，当时我还是一位年轻的内分泌医师，对男科学产生了极大的兴趣。我是美国男性学学会的成立人之一，和其他几位美国国立卫生研究院研究员一起，我们在美国国立卫生研究院设立了睾丸协作组。这对史大夫接受训练和她回到北京继续她的事业都产生了很大的影响。

和轶蘩初次见面，她给我的印象是，她是一个很有魅力又热心的学生。对于学习新技术，她毫不犹豫，这之后为她的思想打开了一扇大门。

作为迅速增加的文献一部分，史大夫在很多文献中提出了男性性激素对泌乳素的分泌影响和在女性中一样重要。泌乳素对女性产后乳汁分泌必不可少，但当时泌乳素对男性的作用尚不清楚。但是，很快我们就发现男性雌激素暴露后泌乳素水平增加。在治疗因分泌泌乳素垂体肿瘤所导致的性腺功能减退的部分男性过程中，我们发现因为睾酮在外周转换为雌二醇，使泌乳素的水平升高。类似的发现是，在一些男性中用促黄体生成素刺激精子发生（这是当时我实验室的研究焦点）过程中，睾酮和雌二醇的分泌增加，导致了泌乳素水平升高。垂体泌乳素瘤患者在雌激素水平增高时残余肿瘤有生长的风险，因此，史大夫的科研工作在这一领域有重要意义。

同样重要的是，史大夫慢慢理解了许多医学想法能够先在动物模型上得到证实的原理。这种临床-实验室并肩同行的训练模式成为她的职业生涯模式。

我刚认识史大夫时，就觉得她很聪明而且思维敏锐。在当时资金和科学技术匮乏的情况下，史大夫形成了成熟的科研思维，这是非常卓越的。她英语很好，能够阅读当时可获得的有限文献。她对科学的好奇心和想法永不满足，所以当她来到美国国立卫生研究院时，已经做好充足准备，进一步学习新方法和临床管理方案。同时，她是一个优秀的富有爱心的医师，得到了患者和同事的尊重。

我教给她对男性的查体方法，并经常让她参与临床决策和对患者的长期随访。

她和实验室同伴、高级研究员和下属的关系都很好。作为学生，她勤奋好学，对科学新思想始终保持开放的态度。她擅长提出问题，而且十分独立。她回到北京协和医院后，开展了新的实验方法，开设了男科门诊。

史大夫在美国国立卫生研究院进修时的业余生活也是多姿多彩的。她结识了不少新朋友，并与他们保持着密切联系；她还到美国的几个主要城市旅游。她与我的家庭也有着密切的联系，我的妻子与她成为姐妹，我的孩子们也非常喜欢她。

轶蘩刚到美国国立卫生研究院时有些思念家乡，我带她到我家住了几天，让她融入我们的家庭生活，很快她的思乡之情就被治愈了。我们带她到我们最喜欢的中餐馆，在那儿她可以吃到最喜欢的菜，还可以说中文。我们把美国的食物介绍给她：烧烤、热狗、汉堡包、火鸡。她参观了许多博物馆，还教会了我妻子几道中国菜的做法。我们这种关系维持了很多年。2000年，当我在北京遇见轶蘩，我给她看了一些我妻子和已经长大的女儿们的照片，她抱着照片，眼里饱含着泪水。这就是家庭。

去年，当我得知轶蘩离世的消息，非常伤心。我和我的孩子们常常想到她。在她最后的日子里，她已经说话困难了。当她得知我们与为她写传记的学生有联系时，她微微一笑，显然对我们的关怀了然于胸。①

NIH 对史轶蘩的影响

美国国立卫生研究院对史轶蘩的影响是不言而喻的。她后来一直鼓励学生们在进入主治医师阶段寻找机会出国深造，并且很多时候这种"机会"都是她给提供的。

史轶蘩对方法学的重视在从美国国立卫生研究院归来后得到了进一步强化。正如 Sherins 所说："要想在医学中学明白一种物质，你必须首先对它进行定量测定。"因此史轶蘩在临床工作、科学研究、撰写论文或审阅

---

① R. Sherins 教授回忆录，2014 年 6 月 9 日，纽约。资料存于采集工程数据库。

稿件的问题上均高度强调方法学的可靠性。史轶蘩就任科主任以后，让每个住院医师在做完总住院医师以后都申请一段时期在内分泌实验室轮转，以深刻理解各种激素测定的方法，从而在分析实验室结果时可以做到结合临床全面思考，而不是简单按照参考值范围判定。后来史轶蘩牵头的垂体瘤研究获得国家科学技术进步奖一等奖，在诊断方法上的贡献正是该研究的一大亮点。

此外，临床工作和实验室工作的紧密结合也是史轶蘩后来极为强调的一种研究风格。尽管不一定都通过实验动物解决问题，但是从临床中发现问题，提出假说，再由实验室设计的实验方案来解决问题却是史轶蘩职业生涯中的常规思路。这一点，与她在美国国立卫生研究院的经历是密不可分的。

另外，史轶蘩非常热爱教学，美国国立卫生研究院的教学理念恰恰与她不谋而合，也许在一定程度上完善了她循循善诱并且因材施教的教学风格，成为公认的一代名师。

第六章
医教研管的成果

内分泌科主任

1983年3月,协和医院内分泌科第二任主任池芝盛教授正式退休。刚回国不久的史轶蘩成为第三任主任,推动内分泌科进入蓬勃发展的时代。

"协和情结"与"协和人"的荣誉感和责任感

毕业于北京协和医学院,成长于北京协和医院,史轶蘩的"协和情结"不言而喻。内分泌科作为北京协和医院长期以来的特色科室,在相当长一段时期内在世界上都享有盛名。回国刚刚两个多月,从未担任科副主任,就立即被任命为科主任,这种不寻常的举措既说明了医院对史轶蘩的信任和期望,也

图6-1　史轶蘩在病房查房

给她带来了不小的压力。然而，担子越重，史轶蘩的历史责任感就越强。她全身心扑在工作上，扑在科室建设上，这和她对协和内分泌科的荣誉感和责任感是分不开的。这种荣誉感和历史责任感贯穿了她医学生命的全程。李光伟教授曾这样描述老年时的史轶蘩：

> 她很看重协和内分泌科在学界的荣誉，也非常关心科室以后的发展。毕竟老教授们精力有限，所以她非常关心青年大夫的成长。她想从外面引进一些人，充实科室的力量。她非常关心内分泌科以后能否保持在全国的优先地位。当她看到有些方面跟别的单位比没有特别突出的表现时，她总是表示出担忧。她说我们还是要尽力、要做，但是事在人为，不管做成做不成，一定要试试。……她认为她是协和人，应该维护协和的声誉。所以说她在做任何事情的时候，都在想着这一点。①

从严治科

作为科主任，史轶蘩的严格要求是非常有名的。她认真对待每一件事，严格要求每一个人，上至各大教授，下至医学生，概莫能外。

从1995—1996年度开始，北京协和医学院教学改革，新开设了早期接触临床课程，正在基础医学院学习的1992级医学生被要求以小组为单位，进入临床科室，在该科室老师的带领下和患者接触，以达到对医院诊疗的现状和方法有一个初步了解的目的。叶炜所在小组有一次被分配到内分泌科病房上课，当时因为北京协和医院老楼大修，内分泌科病房搬到了最为偏僻的16号楼2层。北京协和医院的老楼本来就如同迷宫，加上大修，指示牌不明确，寻找内分泌科病房对一个初来乍到的医学生来说实在是一件非常困难的事。当叶炜走了好几圈冤枉路，路上问了很多人，终于到达内分泌科病房以后，时间已经超过开课两分钟，等待他的是老学长、

---

① 李光伟访谈，2014年3月16日，北京。资料存于采集工程数据库。

内分泌科主任史轶蘩焦灼的眼神，接着是一通严厉的训斥，并且教导他以后无论如何不可以迟到。十分钟后，同组的3位女生也迟到了，史轶蘩重申了一下以后无论如何不允许迟到，就立即转入正题，认真开始进行床边教学了。这件事在多数人看来似乎不近人情，但熟悉史轶蘩的人都知道她惜时如金。

"文化大革命"后，内分泌科恢复了传统的业务学习，每周的文献汇报和全科大查房制度即是这方面的具体体现。文献汇报通常安排在周三下午，汇报人是由总值班提前至少1个月排好的，必须自选一篇近期的高水平文献，用业余时间彻底读懂，并于文献汇报时向全科报告文献内容，评价其意义和优缺点。全科所有医生、研究人员、博士研究生、硕士研究生和技术员，每个人都会被排上，主任也不例外。全科大查房则是由病房挑选出需要解决问题的疑难病例，病房负责准备好患者的一切相关资料，通常由住院医师汇报病历，主治医师总结病例特点并提出需解决的临床问题；而相关专业组则负责学术上的准备，事先查阅相关书籍和文献，在查房时进行主要分析，再由各教授讨论得出最合理的进一步处理意见。史轶蘩高度重视这两项制度。她认为这两项制度不但能够提高大家的学术水平，而且可以提高汇报人的表达能力，对培养人才的好处也是不可忽视的。因此她要求每一次汇报和查房都必须认真准备，否则会受到严厉批评。有一次轮到她非常喜爱的一个学生作文献汇报，选择了一篇有关甲状腺癌的较难的文献进行汇报。这个学生花费了很多的精力去准备，但是却忽略了表达效果。汇报到一半，大部分人一脸茫然。史轶蘩也在现场，不由分说地打断了他，让他下去重新准备。她同时强调说，大家花这么多时间来听汇报人进行文献汇报，汇报人一定要准备好，让大家听懂，否则就是浪费全科人的时间。她不仅对研究生和住院医师严格要求，连教授也不例外。据内分泌科黎明回忆：

> 即使是她不太了解的领域，她也总能提出切中要害的问题。而且史大夫对态度非常重视，无论你是研究生还是教授，如果发现态度不端正、敷衍了事，她是绝对不会客气的，什么都逃不过她的火

眼金睛……包括我们很有名的教授都被她训得下不来台，她不会留情面，因为在她眼里这就是学术，学术的东西来不得半点虚假。一是不能误导别人，二是不能耽误大家的时间，这是她严格要求我们的两方面，所以我们这个传统也一直保持下去，大家都受益匪浅。她对论文汇报方面也有要求，她说你是作文献汇报，不是照本宣科，必须提出你的观点，指出文章的优点、缺点以及你能从文献里得到什么体会和启发，这篇文章对我们的临床甚至是我们的科研有没有什么指导意义，这是作文献汇报的意义所在，她是这样要求我们的。在作文献汇报和研究生答辩的时候，她要求我们提问，可以针对学术方面提出问题，就事论事，不针对个人，只讲学术，不必顾及情面。"你可以尖锐，但是不能极端，"她总是这样说。[1]

在临床上，史轶蘩同样是把北京协和医院的"三基三严"风格发扬到了极致。查房时汇报病历，史轶蘩不允许住院医师拿着病历读，要求全部自己讲出来，即"背病历"；碰上太复杂的病历，住院医师不得不事先准备一张小卡片，记下最难记忆的内容，万不得已时偷偷拿出来看一眼。总的来说，史轶蘩查房对住院医师往往是一件压力巨大的事。李乃适在当住院医师时就曾为史轶蘩查房而紧张得整整一夜一直在准备病历，生怕史大夫的"火眼金睛"发现什么纰漏。

在科研上，史轶蘩要求更加严格。由于她的严格，许多人日后成为杰出的医学科学家。李光伟教授就认为自己的科学态度得益于史大夫的严格要求：

> 对于尿检查，史大夫要求必须得留尿准确才能用。因为肾上腺皮质激素瘤的话，患者尿的皮质醇非常重要，尿量必须非常准确，史大夫就严格规定了尿怎么留。比如第一天早上八点到第二天早上八点，先把尿排一次，然后第二天晚上八点再排一次，就整个是24小时，

---

[1] 黎明访谈，2014年3月17日，北京。资料存于采集工程数据库。

图 6-2　1987 年内分泌科集体照（第三排左四为史轶蘩）

然后还要跟患者交代，大便的时候也要注意留尿。另外，女性还有注意避开月经期。总之，要排除好多好多的偶然因素，一定要得出一个精确的尿量。量尿的数据，家属报完，她会找大夫、护士核实，一定要有记录在案的详细数据才行。也就是说，科研必须不能作假，所以我后来做科研从来不敢弄虚作假，就是那时候受史大夫的影响。[1]

在史轶蘩担任内分泌科主任期间，她近乎苛刻的严格使大家都很"怕"她，但同时也成就了北京协和医院内分泌科的优异口碑。

以人为本

尽管史轶蘩以严格著称，但这并不意味着她是一个铁石心肠的人。相

---

[1] 李光伟访谈，2014 年 3 月 16 日，北京。资料存于采集工程数据库。

反，史轶蘩特别注重对同事和学生的关心，尤其是他们有困难的时候。不仅如此，她还常常亲力亲为。李光伟教授对30年前的一件事记得特别清晰：

> 有一次，实验员孙懿珍在做实验的时候受伤了，我看见史教授在办公室洗水果，洗完了摆在盘子里，给孙懿珍送过去。当时她是科主任，工作非常繁忙，这种事完全可以让她的学生去做。可见她对同事非常关心，真心实意地关心。①

学科建设

史轶蘩作为垂体组和性腺组的负责人，对垂体与性腺疾病高度重视。在这两个亚专业上，她完全用自己的思路在推动着学科的发展，最终收获了卫生部医药科学技术进步奖3项、国家科学技术进步奖2项。

作为科主任，仅仅发展自己负责的亚专业是不够称职的，也是远远不

图6-3 "男性内分泌性功能减退症的临床研究"获卫生部医药科学技术进步奖三等奖后，研究组全体成员合影

---

① 李光伟访谈，2014年3月16日，北京。资料存于采集工程数据库。

能符合史轶蘩对自己的定位的。她希望北京协和医院的内分泌科能够如同 20 世纪 30 年代一样执全国之牛耳，同时在国际内分泌学界也要有一席之地，这就需要各个亚专业共同发展。史轶蘩密切注意着各个专业组的动向，督促着各专业组不断进步，必要的时候还会尽力支持。周学瀛教授从美国进修回国后暂时没有课题，史轶蘩就让他以垂体生长激素瘤的工作为基础，去申请生长激素和维生素 D 相关研究的课题，从而使周学瀛在国外所学能够立即发挥作用，也为他以后的科研工作打下了基础。周学瀛后来长期担任科室副主任，他对史轶蘩的科研管理思想感触很深。

除了关心自己本组的人，她也非常关心科里其他组的发展，她经常说我们科各组要波浪式发展。垂体组是从 1979 年开始的，到 1992 年拿奖。在垂体组没拿奖之前，内分泌科在国内的影响，其他医院是比不了的。所以是波浪式发展，这个组今年拿没拿奖、拿什么奖，然后下一个组。她对科研非常投入。作为临床医生，对科研的这种投入，我觉得是她过去受协和教育的影响。她第二次去美国的时候，她在华盛顿，我在纽约。她给我们老板打电话、问情况，很关心我学些什么、回来怎么做。她非常关注前沿的东西。就拿神经内分泌免疫网络这个概念来讲，其实在她的脑子里很早就形成了。20 世纪 80 年代初，我们在一起讨论的时候，她就提出了这个概念。这个网络系统非常重要，与神经、内分泌、免疫都非常有关系，而且这三者之间的调控紧密关联。在她脑子里，科研始终是很重要的。[1]

黎明作为成长于协和内分泌科的青年科研人员，也对史轶蘩的管理能力深有体会：

史大夫当时的管理就是让人人有发展、个个有前途，她撑起一片发展的天空，任大家在其中翱翔，这就是她给我的感觉。所以在她当

---

[1] 周学瀛访谈，2013 年 9 月 5 日，北京。资料存于采集工程数据库。

主任期间，我们科8个学组，几乎每一个学组在国内都是排头兵、领头羊，那时候协和内分泌科的发展是非常非常辉煌的。①

由于史轶蘩将内分泌科的医教研各方面全面地进行了科学管理，使得内分泌科在很长一段时间内几乎每年都有研究成果获得国家级或部级科技成果奖。史轶蘩也因此先后被授予1992年度北京协和医院"优秀管理奖"、1993—1994年度"协和十佳"、1994年度北京协和医院"优秀科主任"。

在1992年度优秀管理奖的先进事迹简介中，史轶蘩的管理工作得到了非常精辟的总结：

> 史轶蘩教授作为内分泌科主任，多年来全面负责内分泌科的医教研管理工作，成绩显著，表现如下：
>
> 1. 注重医疗质量管理：她经常强调保证医疗质量，为此，一方面坚决贯彻医院有关规章制度，另一方面针对内分泌科具体情况，领导制定了一些切实可行的规定，如副教授以上人员的门诊咨询制度、住院医师考核制度、技术员考核制度等，遇到临床上偶尔出现的医疗问题时，能组织有关人员及时总结经验教训，以利提升。
>
> 2. 注重抓科研管理：①鼓励科研人员积极申请各项科研基金，使内分泌科多年来的科研课题数及完成的质量都居我院的前列。她牵头的垂体瘤课题协作组取得了国家科技一等奖的重大成果。近几年内分泌科获得多项国家和卫生部级奖。②制订了凡是送出发表或参加会议的论文都必须首先在科内宣读的制度，已坚持多年，取得良好效果，由此也增加了科内学术气氛。
>
> 3. 注重各类教学工作：①身体力行，除了自己认真备课讲好每一堂课，获得了医大学生、进修生及科内同志的赞赏，积极创造和完善有关教学规定。②抓好每年的进修生讲课，对进修生管理严格，每年对进修生及青年医生都要进行书面考核。③规定医大实习生、研究生

---

① 黎明访谈，2014年3月17日，北京。资料存于采集工程数据库。

及住院医生，在每周查房日时须作文献报告，对他们及时了解国外新进展，以及训练其表达能力都产生了很好的作用，这一制度已坚持多年。④督促实验室对青年技术人员考核，以促进其学习。1992年12月对内分泌科实验室技师（5人）、技术员（4人）进行了实际操作及专业知识考核，取得良好效果。①

临床与基础相结合的科研道路

从美国国立卫生研究院归来，史轶蘩就已经牢牢把握住临床与基础相结合的主线，指导她本人和垂体－性腺组的科研，由临床提炼出问题，用基础医学的方法去解决，然后用于临床。这一思想实际上自刘士豪担任科主任的时代就已经开始，也与近年来的"转化医学"思想不谋而合。当时的重中之重仍然是建立激素测定的方法，然后立即将这些方法应用于临床内分泌疾病的诊断和病情变化的评价。

史轶蘩的一个强烈愿望是让我国内分泌疾病的诊治水平达到国际先进水平，让我国的内分泌患者得到最好的诊治。因此，她特别重视内分泌学界的各种创新，包括新的激素的发现、激素的新测定方法的运用、新药的发现和应用、老药的新用途以及药物新出现的不良反应和相应处理对策等。她阅读了大量国际学术期刊，其中有两种是每期必看的，《临床内分泌与代谢杂志》(*Journal of Clinical Endocrinology and Metabolism*) 和《临床研究杂志》(*Journal of Clinical Investigation*)。每参加一次国际会议，她都会如饥似渴地了解来自全球各地的内分泌学进展。因此，史轶蘩对国际上临床内分泌学的重要进展了然于胸，尤其是垂体疾病方面的学术前沿问题。

作为一名优秀的临床医生，能够不断追踪国际前沿已经难能可贵；但

---

① 北京协和医院史轶蘩人事档案。存于北京协和医院档案室。

是，作为医学科学家，史轶蘩对自己的要求更高。她在临床实践中不断发现问题，如果这一问题在文献中找不到答案，她就会设法进行合理的研究，努力给出答案。在进行生长抑素类似物奥曲肽治疗肢端肥大症的临床试验过程中，史轶蘩发现在使用奥曲肽的病例中胆石症的发生率很高，当时国际上对这一情况尚未引起足够重视，因此也没有文献可供参考。史轶蘩经过设计进一步的试验，证实了奥曲肽可以抑制胆囊收缩，进而可造成胆结石。

作为史轶蘩早年的在职研究生，夏朴回忆当时的情况说：

> 我想起来她当时做这个生长抑素治疗肢端肥大症的时候，她带的学生朱显峰，他是史大夫的博士生，当时做生长抑素的临床治疗，我们一起做了大概有一两千例。当时做这个生长抑素的治疗时，发现胆结石的问题，而且不是个例，史大夫就想办法搞清楚是什么原因。是不是个人特殊体质造成的，或者是国内人群本来胆结石的发病率相对比较高一点。她经过系统的观察，发现这个现象与用药有关，一般人到这里就为止了，就是说我们用这个药物引起一些不良反应，应该引起重视，这个发现已经是很了不起了，但是她就要追到底是为什么发生这个问题。因为那时并没有认识到胆囊也是它的一个靶器官，她就想办法弄清楚究竟生长抑素对胆囊的功能会不会有影响？她就带着学生设计一些前瞻性的东西。她这种追根溯源的劲头在那个年代来讲，很有开拓精神。[①]

这是史轶蘩从临床中发现问题的典型案例，她总是选择需要解决的临床问题，然后提炼科学问题并设计方案去研究解决。科研从临床中来，再到临床中去，正是转化医学的关系。邓洁英认为："我觉得史大夫的这个垂体瘤的研究过程是一个很明显的转化医学过程，基础研究出来结果以后，马上转化到临床，提高临床诊治水平。"[②]

[①] 夏朴访谈，2014年6月13日，北京。资料存于采集工程数据库。
[②] 邓洁英访谈，2013年4月27日，北京。资料存于采集工程数据库。

成立卫生部内分泌重点实验室

建立激素测定方法，确定正常人的激素水平，再从病理值和正常值的区别设计内分泌代谢疾病功能试验用于临床诊断和治疗效果的评价。这样，北京协和医院内分泌科的学术水平不断进步，多种疾病的诊疗水平逐渐接近国际标准，开始引起卫生部相关部门的重视。

1988年的一天，史轶蘩告诉时任内分泌科副主任的周学瀛教授，立即准备申请卫生部重点实验室。据周学瀛的回忆，改革开放以后，卫生部已经成立了若干重点实验室，但都在研究所，卫生部科教司希望探索在医院内成立重点实验室的模式，促进基础与临床的结合。北京协和医院内分泌科恰恰是一个非常好的候选。周学瀛说：

> 当时在他们的观念里，内分泌方面协和就是第一。因为重点实验室都不在医院，他们想搞一个试点，所以就选中了协和。我们就提报告，他们讨论、批准，开始就批了50万元运转经费。所以，重点实验室不是我们自己想的，而是上面有这个考虑。之所以这么考虑，就是因为协和的内分泌科在他们心目中已经非常好……①

当然，具体申报过程仍然很艰苦，以史轶蘩为首的大多数临床医生和研究人员都在通宵达旦地努力写重点实验室申请书……终于，在史轶蘩的积极努力下，卫生部内分泌重点实验室成立。这一平台对史轶蘩和内分泌科的同事来说是如虎添翼，对以后的研究，尤其是基于临床问题的基础研究起到了很好的推动作用。那时，史轶蘩不仅要将内分泌科作为一个临床科室来管理，同时还要将它作为一个科研实验室来管理，并且每年要从重点实验室的角度向卫生部科教司汇报工作。这样，史轶蘩通过汇报及与其

---

① 周学瀛访谈，2013年9月5日，北京。资料存于采集工程数据库。

他重点实验室的交流，逐渐完善内分泌重点实验室的建设。

由于种种原因，卫生部内分泌重点实验室的发展后来不尽如人意。尽管如此，这一平台还是带来了许多成果。更为重要的是，它也为全国医学界培养了不少人才。现任新乡医学院医学检验学院院长王辉就是这其中的一员。他后来回忆说，卫生部内分泌重点实验室的经历是他科研的起步，对他的成长至关重要。

王辉这样描述他来到卫生部内分泌重点实验室的经过：

> 我是1993年从《健康报》刊登的广告中得知北京协和医院内分泌科卫生部内分泌重点实验室招聘客座研究员，其中有邓洁英老师招聘内分泌免疫方向的，我当时从西安医科大学硕士毕业3年，由于当时新乡医学院的实验条件较差，我希望自己能出去做些研究，因此就应聘了，不久就收到被录取的通知。当时由于教研室主任反对，我当年没有办法成行，直到1995年4月才获得领导同意到重点实验室做研究。①

终于来到向往已久的内分泌重点实验室以后，王辉面临着各种挑战，他不仅坚持了下来，还得到了许多老师的认可，接着以"在职攻读博士学位"的身份在实验室继续进行科学研究，为他以后的工作打下了坚实基础。

> ……我从事的课题是史轶蘩教授主持的国家自然科学基金课题"淋巴细胞分泌的GH基因的克隆与鉴定"，其中淋巴细胞分泌GH的cDNA已经由博士后刘军喜完成，我要完成GH调控序列的克隆和鉴定。由于我以前没有从事过分子生物学的研究，所用的技术都需要重新学，对我来说是很大的挑战。一开始是按照标书使用的筛选淋巴细胞基因文库的方式来克隆目的基因，由于探针只有17个bp，洗膜多

---

① 王辉访谈，2014年8月1日，河南新乡。资料存于采集工程数据库。

几次就是阴性,洗膜少了就出现非特异性噬菌斑,持续了半年没有结果。最后参加王峻峰的答辩会时给了我灵感,我就以这个探针作为上游引物,用他的外显子 PCR 的下游引物作为下游引物,结果扩增出来了,为 1996 年该课题按时结题完成了关键的一步。我后来在职攻读博士学位,完成了史大夫主持的另一个国家自然基金课题:"生长激素与淋巴细胞相互关系的分子机理研究"。直到 1999 年 7 月,我才回到新乡医学院。①

王辉感慨地说:

在重点实验室期间,除了史大夫,还非常感谢邓洁英、周学瀛、孙梅励等老师的指导和帮助,在那里我学会了科研的方法和思维。没有重点实验室的经历不可能有今天的我。因此,我认为重点实验室为

图 6-4 卫生部内分泌重点实验室工作会议六周年纪念(第三排左五为史轶蘩,1992 年)

---

① 王辉访谈,2014 年 8 月 1 日,河南新乡。资料存于采集工程数据库。

基层科研机构培养人才的作用是很大的，因为当时我们学校几乎没有条件来做分子生物学研究，如果不是经过重点实验室的培养，可能要落后若干年才能掌握相关技术，自己的科研起步也会更晚。①

像王辉这样在卫生部内分泌重点实验室接受了科研培训的人还有很多，他们后来绝大多数都成了各地相关领域的科研领军人物。

垂体疾病系列研究与相应成果

作为科主任，史轶蘩对科研工作高度重视。同时，史轶蘩对自己的要求更加严格。尽管长期身兼垂体组和性腺组两组的负责人，又担任科主任的职务，史轶蘩仍然将两组的科研搞得有声有色，不仅在全科，在整个内分泌学界也赢得了尊重。

多年的辛勤努力终于结出硕果。自1989年起，以史轶蘩为主要完成人的三项研究相继获得卫生部级和国家级的科学技术进步奖。1989年12月，"男性内分泌性功能减退症的临床研究"获得卫生部医药科学技术进步奖三等奖。1990年，"儿童生长激素缺乏症的临床研究"获得卫生部医药科学技术进步奖二等奖；1991年，该项研究又获得国家科学技术进步奖三等奖。更令人高兴的是，史轶蘩着力最多的垂体瘤研究也于1991年获得卫生部医药科学技术进步奖一等奖。1992年，"激素分泌性垂体瘤的临床及基础研究"获得国家科学技术进步奖一等奖。

1992年国家科学技术进步奖的成果鉴定从掌握并深入分析我国垂体瘤的第一手资料、建立先进诊断方法、掌握先进治疗方法、病理研究、基础研究和推广应用6个方面对垂体瘤研究的工作进行了高度评价。这一奖项是对史轶蘩的团队从无到有地建立了一整套垂体瘤诊治方法并逐渐达到国

---

① 王辉访谈，2014年8月1日，河南新乡。资料存于采集工程数据库。

图6-5 史轶蘩在"激素分泌性垂体瘤的临床及基础研究"成果鉴定会上作汇报

图6-6 史轶蘩展示1992年获得的国家科学技术进步奖一等奖证书

图6-7 1992年,获得国家科学技术进步奖一等奖团队合影(前排左起:邓洁英、周觉初、王直中、史轶蘩、劳远琇、尹召炎、王维钧;后排左起:李包罗、张涛、金自孟、任祖渊、陆召麟、苏长保、赵俊)

际先进水平的一个极好的褒奖和鼓励。

激素分泌性垂体瘤主要包括生长激素瘤、促肾上腺皮质激素瘤及泌乳素瘤,是一组好发于青壮年的常见内分泌系统肿瘤,可引起严重的代谢紊乱和脏器损害,如未获得及时诊断和治疗,大多数患者将危及生命。为此,北京协和医院内分泌科等8个专科于1978年成立协作研究组,对该组疾病进行了长达12年的前瞻性系列临床研究,并在病理、发病机制等方面进行较为深入的探讨，从而加深了对该组疾病的认识，提高了诊断、治疗水平。

1996年，史轶蘩当选中国工程院院士，同年获"何梁何利"科学与技术进步奖。

史轶蘩从筚路蓝缕开始建立垂体组，到获得国家科学技术进步奖一等奖，只用了14年。那么，到底是什么原因能够使史轶蘩作出国内一流的临床科研并获得国家科学技术进步奖一等奖，最终当选为院士呢？

史轶蘩在1996年当选中国工程院院士的颁奖大会上应邀作了有关临床科研工作体会

图6-8 1996年史轶蘩在北京协和医院院庆75周年学术报告会上发言

图6-9 1996年史轶蘩当选中国工程院院士

的报告。而这份报告，实际上正是史轶蘩本人给出的这一问题的答案。

首先让我代表北京协和医院激素分泌性垂体瘤研究组的全体同志向国家、卫生部、中国医学科学院的各级领导及国家科学技术委员会国家科学技术进步奖评审委员会的专家们表示衷心的感谢，感谢你们对我们科研工作的大力支持，感谢你们给予的高度评价，下面我向大家汇报一下临床科研工作的体会。

图6-10 史轶蘩获得的中国工程院院士证书

1. 临床科研工作的艰巨性

激素分泌性垂体瘤的研究包括临床研究和应用基础研究两部分，其中主要是临床研究，我院9个科室60人在长达十余年的工作中深深体会到临床研究的艰难，因为临床科研是以患者为研究对象，研究人员必须把患者的利益放在第一位，决不能损害患者，这样就大大增加了研究的难度及限制了研究的广度和深度。举例来说，垂体激素分泌是受下丘脑激素调控的，要研究垂体瘤的发病机制，应测定下丘脑－垂体门静脉血中的激素水平，但在患者身上是无法这样做的，这就迫使我们采用垂体瘤细胞体外培养的方法来进行模拟研究，由于手术切下来的垂体瘤组织很小，必须谨慎操作、细心照料，多次重复才能取得成功，我们就是经历了多次失败才得到了较为满意的体外研究结果的。

又如为了了解诊断是否准确、治疗是否有效，必须对患者进行长期随访，而我们的患者半数以上来自全国各地，因此随访工作的难度极大，必须再三催促患者回院复查，或通过信访弥补不足，由于患者随访的项目和时间难以一致，增加了结果分析的困难，为了统一疗效标准，要求协作各科室的医生在诊治前及基本治疗后将所有人集中到垂体瘤专病门诊随查，保证了资料的完整统一。

2. 临床科研应提倡协作研究

内分泌疾病对人体的影响涉及全身所有器官，所以有些垂体瘤患者先去和其症状密切相关的专科诊治，往往几经周折或治疗无效最终才来到我院时，患者已届疾病的晚期。为此，我们利用综合医院的优势，各科室密切协作，成立垂体瘤研究协作组，并使有关科室加强了对垂体瘤的认识，从同一疾病的不同临床表现中发现、诊断患者，大大提高了早期诊断水平。我院科研处在帮助组织和协调垂体瘤研究组的工作中做了大量细致耐心的工作。

又如我院在国内首先开展了经蝶窦垂体瘤切除的新手术方法，但必须要有高质量的手术显微镜。1985年卫生部决定拨给研究组科研经费15万元，这是我们协作后得到的第一笔资助，当时各科室都需要购置仪器和试剂，经过组内讨论，大家一致同意把这笔钱全部用于购置进口手术显微镜，从而为改进手术方法奠定了物质基础，为提高手术疗效争得了时间。

所以，我们深深体会到协作攻关是取得成果的关键。

3. 临床科研同样要以国际先进水平为目标。

要提高疾病的诊治水平，必须不断瞄准国际先进水平，发展创新诊治手段。内分泌学的迅速发展是在有了放射免疫法测定激素水平之后，早在1975年我们就开始建立生长激素的放射免疫测定法，当时没有科研经费买国外的抗原及抗体，手头只有国外同道赠送的少量生长激素，其数量按国外常规方法免疫兔子是绝对不够的。在形势逼迫之下，我们开动脑筋、改良技术，最后以国外用量的1/20—1/15成功地获得了优质抗体，建立了国内第一个垂体激素的放射免疫测定法，这是早期诊断垂体激素瘤的关键手段，并由此建立其他垂体激素的放射免疫测定方法及系列的临床诊断试验。我们制成的抗体应用至今，也为医院节省了大量费用。

4. 创造性地进行临床科研

创新是科研的共同特点，临床科研的创新往往是在细微的临床现象观察中得到启示而诱发的，科研人员必须重视这些细小的不寻常现象，抓住不放，深入探索。如我们发现垂体微腺瘤患者虽然肿瘤大小不足以压迫视交叉引起视力减退，但客观检查时发现患者有视野缺损，手术切除微腺瘤后视野即恢复正常，针对这一现象我们对视交叉的血液供应系统进行显微解剖的实验研究，终于发现了视交叉血供的特殊之处，提出看视交叉和垂体有同源血运的崭新看法，在国际上引起重视。

又如在用生长抑素激动剂治疗生长激素瘤的过程中，在国内外首先发现有胆石形成，此后通过深入研究，提出了胆石形成的机制及减少其发生的措施。再如在病理研究中，通过细致的电子显微镜观察世界上首先证实有泌乳素小体存在于泌乳素瘤细胞中，为肿瘤生物学的行为找到了物质依据。

在目前改革开放的大好形势下，为临床科研工作带来了巨大的机遇，如何保证医务人员安心投入科研是一个新出现的问题。我们建议各级领导能继续为临床科研创造良好的条件，提高临床科研人员的待遇，使我国的临床科研后继有人，从整体上进一步提高我国的医学水平，为人民的健康作出贡献。

最后我代表研究组的全体同志再一次感谢各级领导对我们的关心和支持，我们深深感到科研是没有止境的，仍有大量的临床疑难问题等待我们去攻克，我们决心从零做起，争取新的突破。

谢谢大家！[①]

尽管史轶蘩一再表示，这一成果是集体的贡献，以上发言稿中凡是谈到成果均出现"我们"而不是"我"，但她在这个团队中的作用是为大家所公认的。

图 6-11　史轶蘩与课题组部分成员讨论病历（左起：邓洁英、史轶蘩、陆召麟、劳远琇、任祖渊）

[①] 史轶蘩：颁奖大会上的临床科研工作体会报告。1996 年，未刊稿。资料存于采集工程数据库。

金自孟教授从1979年进入垂体组开始，一直工作在临床第一线，在垂体瘤系列研究中做了大量工作，是这段辉煌历史的亲历者。他高度评价了史轶蘩在这个团队的贡献。

一方面，史轶蘩是一个团队的领导者和协调者：

> 她不仅直接参与我们科有关垂体瘤诊断治疗总结，最重要的是起到协调联络几个科，起着一个组织者的作用，使得几个科能够跟内分泌科一起重视、一起参与。所以在研究垂体瘤的整个工作过程中，大家还是比较愉快的……①

另一方面，也是更重要的方面，史轶蘩是整个垂体瘤研究的组织者和实际推动者：

> 垂体瘤研究能够获得国家科学技术进步奖一等奖，本身就说明工作上取得了很大的成绩，这项工作是经过多年的累积以后得到的成果，在国内、对我们医院和内分泌科，都属于开创性的。我们医院获得过两个国家科学技术进步奖一等奖，一个是宋鸿钊的绒毛膜癌，但是绒毛膜癌不是像我们垂体瘤一样一级一级评上去的，它是根据过去工作的成绩、回过头来授予的一个奖。另一个就是我们获的这个奖。垂体瘤的工作，我们从生长激素测定方法的建立开始，一步一步做到临床，然后到了临床，史大夫发现垂体瘤的工作不是我们内分泌一个科能够完成的，要取得更大的成绩，为患者解决更多的问题，必须各科室合作。首先要神经外科的合作，这样就联系了神经外科，当时神经外科负责人是王维钧，他非常支持，史大夫当组长，王维钧当副组长。另外我们还牵涉到影像学、眼科等，这样一共联络了八个科室一起做。垂体瘤虽然是我们组最重要的工作，但对于其他科室不是，史大夫要推动其他科室的工作，要联络其他科、希望他们重视这个工

---

① 金自孟访谈，2013年4月24日，北京。资料存于采集工程数据库。

作，经常不定期召开垂体学术组的会议，也经常要去其他科和有关医生联络。我们最终目的是要解决患者的问题、提高垂体诊断和治疗的水平，尤其是治疗水平，很多牵涉到外科，所以跟外科联络最多……这样协作下来，等我们取得一定成绩以后，总结的时候工作量非常大。整个工作量主要是我们内分泌科来完成，以史大夫为主。做这个工作还是很辛苦的，经常要开夜车，当时不像现在条件那么好，包括计算机条件也没那么好……①

虽然已经建立了生长激素的放射免疫测定法，但史轶蘩和她领导的垂体组在最初的阶段仍是举步维艰。关于这一点，邓洁英教授有着深切的体会。但是，在人力、物力、财力均极端困难的情况下，垂体组仍然抓住了机遇，做了许多基础工作，为以后的崛起打下了坚实的基础。金自孟回忆这一段的时候说：

　　史大夫提出来分组，她自己牵头当垂体组的组长，我们正式成立垂体组。当时全国没有地方能测定垂体的激素，也没有放射免疫方法，我们抢先利用放射免疫测定法这一有利条件，做了与生长激素相关的各方面工作，包括完善测定的方法、精确度和特异性的提高、测定成人正常值、建立生长激素的各种抑制试验和兴奋试验的方法。我们利用生长激素做了很多矮小症、巨人症和肢端肥大症等方面的研究，积累了很多病例。1985年，在武汉召开第二届内分泌会，全国400多个代表参加。那时候不分组，全都是大会发言。与垂体相关的疾病共报告了7篇文章。其中5篇是我、史大夫、邓洁英我们三个报告的。②

史轶蘩在发言中谈了4点体会：临床科研工作的艰巨性、提倡协作研究、要以国际先进水平为目标和追求创新性，这也正是她身体力行的做人

---

① 金自孟访谈，2013年4月24日，北京。资料存于采集工程数据库。
② 同①。

第六章　医教研管的成果　75

和做事准则。

第一点，临床科研工作是艰巨的。史轶蘩指出，"研究人员必须把患者的利益放在第一位，决不能损害患者……"。同时，对临床研究的设计、对临床医疗的质量和规范化、对资料的收集等方面也尤为重要。据金自孟回忆：

> 在我和史大夫的接触中印象最深的有三点：第一，史大夫对我们年轻大夫要求非常严格，她要求我们必须详细问病史、长期做体格检查，这个是医生看病的基础，有助于后面对患者病情的思考和判断。第二，一定要实事求是地记录病史，不是一上来就写结论，比方说这个人低血钾、高血压，一定要从症状开始，比如低血钾的患者有下肢无力、夜尿多等。她说每一个病例都是以后科研的资料，也是自己成长积累的一个经验，所以要求病史一定要写的详细，要像正规的问大病历一样有次序地写。我觉得这些对我们后来影响都很大。第三，她如果发现你有不对的地方，都要批评你。但是史大夫有一个特点，她说你什么地方不对了以后，会告诉你应该怎么办。在门诊上，如果发现进修大夫有什么问题，她都要批评，然后告诉你错在哪儿、应该怎么做。所以即使史大夫非常严格，但大家还愿意跟她接触，愿意请教她。这些对年轻人的帮助还是很大的。①

第二点，临床科研应该协作。前文金自孟教授谈到史轶蘩对于垂体瘤研究多科合作的重要性；同时，史轶蘩也非常重视和国际国内同道的合作。陆召麟教授在接受访谈时说："史大夫很善于交际，她每次出国，都能与人搞好关系，经常带回些新东西，而且她还通过各种途径送学生出国学习……"

第三点，以国际先进水平为目标。这是史轶蘩一直努力去实施的，无论是诊断还是治疗，只要有新进展，尽快学习使之为我所用。金自孟教授

---

① 金自孟访谈，2013年4月24日，北京。资料存于采集工程数据库。

还清楚地记得最初使用各种新药的情形：

> 大概在1979年年底，当时的山德士公司生产了溴隐亭，他们从香港带着溴隐亭来找史大夫。当时我们的生长激素早就能够测定了，已经知道有泌乳素瘤了，但泌乳素还没有正式的测定。那个时候科里实验室有个张桂元，有时候人家送给他一个药盒（指检测试剂盒——著者注），我们就能够间断地测泌乳素。有了溴隐亭之后我们开始用溴隐亭。1980年，山德士公司送给我们一盒大概是5000片溴隐亭，我们就开始用。当时我们国家还没有这方面的临床药理标准，我们用溴隐亭治疗患者并进行观察，也和山德士公司建立了很好的合作关系。1987年，山德士公司生产出生长抑素善宁。他们一有这个药以后，当时还没有推广，就交给我们用。那时候我们已经测定生长激素10年了，诊断了很多肢端肥大症患者，所以我们有条件观测这个药物的疗效。从1987年到1992年，我们观测了二十几个患者，证明善宁有很强的抑制生长激素的作用。因为北京协和医院比较有名，所以大家都愿意把药给我们用，自20世纪我们国家对外交流以后，有关垂体与下丘脑这方面的药物基本上都是我们做的。用过的药物，除了溴隐亭，还有诺果宁、达必佳、思他宁、善龙等。
>
> 1987年，我们建立了生长激素的测定方法以后，史大夫在研究肢端肥大症这类生长激素过多的患者的同时，也着手对矮小患者的研究工作。1986年年底，卡比法公司带来了见高宁，1987年1月，我们开始用于治疗矮小症患者，当时也是最早的。（基因工程）合成的生长激素最早是1985年美国一个基因公司做出来的，到1987年全世界禁用人垂体提取的生长激素[1]，同时开始推广（基因工程）合成的生长激素。[2]

---

[1] 基因工程合成生长激素上市前，主要从人的尸体中提取生长激素用于治疗儿童生长激素缺乏症。20世纪80年代陆续发现该种制剂可能传播克－雅二氏病，遂于1987年禁止使用从人垂体中提取的生长激素。

[2] 金自孟访谈，2013年4月24日，北京。资料存于采集工程数据库。

史轶蘩在报告中提到的最后一点，创新性地进行临床科研。她举的第一个例子，是在通过观察发现垂体微腺瘤患者会出现视野缺损，以通常机理不能解释，垂体瘤协作组眼科劳远琇教授进行了深入细致的研究之后发现视交叉的血供和垂体是同源的，从而在机理探索上作出了创新。第二个例子，是在使用生长抑素类似物治疗垂体生长激素瘤的过程中，史轶蘩的团队在临床工作中注意到胆石症的患者有明显增加。这一现象当时在国内外均未曾报道。时任山德士公司奥曲肽项目的负责人 Alan G. Harris 回忆起这件事时称为"美妙的回忆"。虽然已经离开该公司多年，但 Harris 教授仍然记得与史轶蘩合作的许多细节。

我们最先开始合作研究药物对胰岛素样生长因子-1（ICF-1）的作用，然后研究了对胆囊功能的作用。史大夫在其中起了重要作用，我们发现了奥曲肽对胆囊功能的作用，阐述了奥曲肽能抑制胆囊收缩，使胆汁沉淀从而形成结石。

我们首先研究了增加奥曲肽剂量对临床和生化的影响，并于1990年在 *clinical endocrinology* 上发表。2年后又在期刊 *Digestive Diseases and Sciences* 上发表了一篇文章。我们选取了6名健康人作为研究对象，用脂肪乳剂刺激胆囊，发现5—50毫克剂量都会对胆囊收缩有抑制作用，尤其是25毫克和50毫克的剂量。6人中有三四个人的胆囊收缩功能在24小时之后恢复。所得出的结论就是奥曲肽对胆囊功能的内在抑制作用，通过减量也没有办法避免，因为即使5毫克、12.5毫克也会出现抑制现象，所以通过减少奥曲肽的剂量牺牲治疗效果是没有意义的，这是史大夫的重要发现。1993年，我们在内分泌重要期刊 *Journal of Clinical Endocrinology and Metabolism* 发表了一篇关于在中国肢端肥大患者中奥曲肽对胆囊功能和胆结石形成的文章。我们选取了20例肢端肥大症患者，皮下注射奥曲肽进行观察。结果表明，肢端肥大症患者用奥曲肽治疗期间，胆囊收缩功能抑制是导致胆泥发展为胆囊炎的原因。因此，肢端肥大症患者长期用奥曲肽治疗过程中，建议监测胆囊功能。1993年，另一个研究发表在 *Digestive Diseases and*

Sciences 期刊上。史大夫还阐述了奥曲肽停药后胆囊收缩恢复的情况。这个研究包含14位患者,显示了奥曲肽的间断作用。结论是停用奥曲肽有利于胆泥的清除,因此减低了在肢端肥大症患者长期治疗过程中胆结石形成的发生率。最后发表的一篇文章是在1994年,主要是用闪烁扫描法研究来判断长期治疗患者中胆汁分泌和胆囊收缩是否都受到了抑制。结果发现,用单次奥曲肽治疗后胆囊收缩抑制,长期治疗后胆汁分泌减少。在停用奥曲肽后,使用低剂量奥曲肽的患者胆囊收缩功能可迅速恢复。我们发现,这是一个系统的回顾,涉及胆囊收缩和胆汁分泌的生理和病理。史大夫和她的团队监测、追踪临床相关的胆囊收缩和胆汁分泌的情况,为其他使用奥曲肽治疗这些患者的大夫提供了帮助。这是一个很有用的贡献,不但对史大夫和她的中国同事们,而且对全球的大夫们。所以这是一个她和她的团队作出的很重要的贡献。[1]

正如 Harris 所描述,史轶蘩的科研创新来源于细致临床观察后的缜密思考,然后一步一步去探索临床现象背后的机理。同时,科研创新的目的是为了更好地解决临床问题。这一点,李光伟教授曾经参加了有关垂体卒中的研究,这系列研究对他影响很大。

1986年的时候,史大夫已经非常有名,全国内分泌学界没有一个大夫不知道史教授的。我记得特别清楚的是,有两篇文章对我的影响非常大。一篇是《生长激素瘤的十大活动指标》,还有一篇是《甲旁亢合并骨软化》。因为当时国内不能测生长激素,也不能测促甲状腺激素(TSH),在这种情况下,这两种病的诊断就很困难。如果不能测生长激素,就很难判断生长激素瘤是否活动。瘤子活动的时候要做手术,不活动的时候(瘤子消失的时候)就不需要做手术了。那时候史大夫就说"瘤子的自我切除"。有的人瘤子烂了一部分后又长了起

---

[1] A. Harris 教授访谈,2014年4月19日,波士顿。资料存于采集工程数据库。

来，有的人瘤子一下子全消失了，但是他们的面容还是有改变的，直接通过面容决定做手术是不对的，在不能测生长激素的情况下，我们不知道瘤子的状况。史大夫就提出了瘤子十大活动指标，比如活动性头痛、进行性体重增加、高血压的改变、糖尿病的改变，等等，十大指标中符合三项，就说明瘤子还是活动的。当时我们都记得这十大指标，一个一个地比对。这个理论对全国的影响非常大，我记得史大夫就因为这个得过国家的科学技术进步奖。

关于甲状旁腺功能亢进症引起骨软化，我们当时以为，甲状旁腺功能亢进症不会引起骨软化。骨代谢疾病分为几类，骨质疏松是一类，骨软化是一类，甲状旁腺功能亢进症是一类，这大家都特别明白。但是为什么甲状旁腺功能亢进症的患者会有骨软化呢？看了她的文章我才知道，这叫作内源性的骨软化，这是我们以前不知道的。因此，我们在治疗甲状旁腺功能亢进症的同时开始考虑如何积极补钙等，对治疗有很大帮助。这两篇文章我当学生的时候记得特别清楚，从此我知道了什么是科研，科研对临床能产生多大的影响……

那时史大夫要做一个关于垂体卒中方面的研究，而我正好有机会介入。当时我们提出了一个新的概念，垂体部分卒中和完全卒中，这个概念是以前没有的。史大夫就和我讨论什么是部分卒中，什么是完全卒中。完全卒中就不要治疗了，部分卒中还要随访。我们还找了预测指标，比如在生长激素瘤术后，生长激素的水平到多高的时候，原来的高血压就可以消失……总之，在垂体瘤方面，史大夫下了很大的功夫。①

正如史轶蘩在获奖汇报中指出的，"创新是科研的共同特点，临床科研的创新往往是在细微的临床现象观察中得到启示而诱发的，科研人员必须重视这些细小的不寻常现象，抓住不放，深入探索"。

除了在获奖汇报上的 4 点体会，实际上史轶蘩和她的整个协作组还在

---

① 李光伟访谈，2014 年 3 月 16 日。资料存于采集工程数据库。

其他方面做了许多努力,而这些付出其实都是获得国家科学技术进步奖一等奖的原因。

在这些努力中,其中一个重要的工作就是总结报奖,金自孟教授对这段历史记忆犹新:

> 垂体瘤的总结工作我觉得也是非常有意思的,先是得到医院的认可,由医院报到北京协和医学院,我们得了北京协和医学院的一等奖,再从北京协和医学院报到卫生部,当年卫生部科学技术进步奖有11个,我们是第一名,再代表卫生部到文教卫生口,文教卫生口有6个部门,再加上31个省市自治区的卫生厅和9个部队的卫生口。我们在文教卫生口被评为第一,再代表文教卫生口去参加1992年的国家科学技术进步奖的评审。当时国家科学技术进步奖,投票的有150个人左右,里面只有3个人是跟医学领域相关的。很多人一点医学都不懂,所以我们开始准备了很多资料,希望把医学上的水平、我们的特点能够讲清楚。后来发现,只许讲20分钟,而我们开始这方面工作有15—19年的时间,要把这么多年、这么多组、这么多人的工作在20分钟内都讲清楚很不容易。更重要的是,如何让一点医学背景都没有的人听懂,人家懂了才可能考虑投你一票。所以后来我们花了几个月时间,把原来准备的很多资料缩减或推翻重新写,最后学会一句话叫:用科普的语言讲出你的科研成果。也就是说,要用科普的语言,把你的科研成果好在哪儿、先进在哪儿讲出来……[①]

金自孟教授还举了一个例子是率先应用计算机收集、整理和总结资料:

> 到1989年的时候,我们已经积累了很多临床资料,史大夫在当时是全国内分泌界第一个引进286彩色计算机的。那时候放射免疫荧光不像现在,是用反转的胶片来算的,我们把室内的窗全部封起来,变

---

① 金自孟教授访谈,2013年4月24日,北京。资料存于采集工程数据库。

成暗室再照，那时候画面不是平面的，是曲面的，所以对着中心都要照，要照好几张，再拿到图片社去冲洗，选择好的做成幻灯片。1989年，我们第一次拿着彩色的幻灯片到会上去放，当时震惊了全会场。有些人只有在美国开会时看到过彩色的，在国内从来没有见过，他们一度以为我们这个片子是在国外做的。在那次会上，垂体肾上腺是一个组，所以大部分的报告是我们的，而且报告幻灯片是彩色的，收到的效果非常好。①

"内分泌学的宫殿"

20世纪30年代是老协和的黄金时期，北京协和医院在这一阶段的科研成果引起了国际上的高度重视，而当时内分泌专业又是其中非常突出的一个领域，刘士豪教授和朱宪彝教授在骨软化症方面的研究工作获得了国际同行的尊重，他们发表的系列论文中最重要的一篇是关于肾性骨营养不良的疾病命名的。因此，国际上有关钙磷代谢的专家一直关注着北京协和医院的内分泌专业和刘士豪、朱宪彝两位专家。

20世纪80年代初，美国著名临床内分泌学家A.Parfitt来到中国，那时刘士豪教授已经故去，Parfitt参观了北京协和医院内分泌科，并且到天津拜访了朱宪彝教授。1985年，Parfitt在 *Calcified Tissue Int* 期刊上撰写了悼念朱宪彝的文章，回顾了北京协和医院30年代在骨代谢方面的成就和他与朱宪彝教授会面的经过。在该文的最后一段，Parfitt这样写道：

> 为了完整性的需要，在此必须交代一下北京协和医学院的现状。由于其和美国资本主义的联系，在"文化大革命"中饱受质疑，并改名为首都医院。但是，现在它再一次勃发了生机。内分泌科现在由

---

① 金自孟教授访谈，2013年4月24日，北京。资料存于采集工程数据库。

史轶蘩大夫领导，……用于内分泌疾病诊断和治疗的设施是非常出色的……而临床病例的丰富让人瞠目结舌。仅仅在一个下午，仅仅看了一圈病房，我就看见了许多经典内分泌疾病，比在西方许多医院一年遇见的总和还要多……因此，洛克菲勒在中国健康领域的投资尽管因为各种原因饱受美国人和中国人的误导和批评，却再一次呈现了强劲的上升势头并正在收获高额红利。[①]

Parfitt 访问中国是 1983 年 10 月，当时史轶蘩就任内分泌科主任刚刚半年。在史轶蘩按照自己的思路推动北京协和医院内分泌科蓬勃发展近 10 年后，世界著名内分泌学家、得克萨斯大学西南医学中心的 J. D. Wilson 教授也来到北京协和医院参观交流。Wilson 教授回到美国后在内分泌学期刊 *Journal of Clinical Endocrinology and Metabolism* 上发表了一篇特稿，对北京协和医院内分泌科进行了全面介绍。在 *Journal of Clinical Endocrinology and Metabolism* 历史上，特稿介绍的团队只有 4 个，北京协和医院内分泌科就是其中一个。Wilson 教授这样描绘他所见到的北京协和医院内分泌科：

> 北京协和医院内分泌科现任科主任是史轶蘩教授，她是北京协和医学院的毕业生，曾经去美国国立卫生研究院做过访问学者。在她的领导下，内分泌科已经成为一个临床内分泌学培训中心和科研中心，许多其他单位内分泌科的负责人都曾在这里受过培训。北京协和医院内分泌科门诊由普通门诊和专科门诊组成。普通门诊接诊新患者后，会将患者逐步移交各个专科门诊。各专科门诊包括肾上腺疾病门诊、内分泌性高血压门诊、糖尿病门诊、男性内分泌学门诊、甲状腺疾病门诊、骨代谢疾病门诊和垂体门诊。此外，内分泌门诊还有一个功能室，有 6 张病床，可以用于开展过夜的内分泌功能试验；内分泌科的住院病房有 30 张床，用于收治最重和最复杂的内分泌患者……
> 北京协和医院内分泌科同时还是卫生部内分泌重点实验室，也是

---

① Parfitt AM. H.-I. Chu: pioneer clinical investigator of vitamin D deficiency and osteomalacia in China. A scientific and personal tribute. *Calcif Tissue Int*. 1985, 37（4）: 335-339.

检验诊断的参照中心。测定项目包括用放射免疫测定法和/或放射受体法测定 IGF-I、泌乳素、生长激素、甲状腺刺激免疫球蛋白、胰岛素、胰岛素原、1 羟基维生素 D、1,25 双羟维生素 D、POMC、肾上腺皮质激素、双氢睾酮、睾酮、雌二醇、睾丸结合球蛋白、醛固酮、内皮素、肾素、肾素原、血管紧张素 II 和糖皮质激素。有些检测是用商品试剂盒测定的，其余的是当地生产的。

北京协和医院内分泌科的患者无论从数量还是种类来看都是令人惊叹的，包括了大系列的常见内分泌疾病如库欣综合征、醛固酮增多症、肢端肥大症和巨人症。在参加内分泌病房查房的 1 天里，一批受到精心诊治的患者的病情被熟练地展示出来，令我印象深刻，这些患者包括：1 例伴严重皮损的广泛转移的胰升糖素瘤男患者，1 例完全性和 1 例不完全性睾丸女性化患者，1 例新诊断的库欣综合征，1 例显著乳房发育并伴骨龄提前的男孩，1 例复发嗜铬细胞瘤的男患者，1 例巴特综合征的女患者，1 例甲状旁腺功能亢进伴代谢性骨病导致的生长迟滞的男孩，1 例甲状腺功能正常但罹患恶性突眼的男患者和 1 例不明原因代谢性骨病的女患者。我们光看这些患者就用完了所有的时间，于是来不及去看其他患者了。

这些显而易见的病历资料近年来已经被用于各种研究项目，在过去十年发表的论文超过 200 篇。这些研究项目包括：有关生长激素对延迟诊断的生长激素缺乏的矮小症患者的疗效、有关生长抑素类似物对肢端肥大症患者胆囊功能影响的研究、内皮素对肾上腺功能影响的研究、有关不同类型垂体瘤的自然史研究、生长激素释放激素治疗对下丘脑因素致生长激素缺乏症的疗效研究以及高胰岛素血症对原发性高血压影响的研究。鉴于当下的设备和研究经费非常有限，内分泌科和基础医学研究所的研究型实验室也有不少合作……[1]

史轶蘩就任主任后近 10 年的发展使北京协和医院内分泌科声名更盛，

---

[1] Wilson JD. Peking Union Medical College Hospital, a palace of endocrine treasures. *J Clin Endocrinol Metab*. 1993, 76（4）: 815-816.

对内分泌疾病的诊治手段越来越多元化，内分泌病房的疑难重症患者也越来越多。在史轶蘩眼中，疑难重症一方面意味着挑战，另一方面也意味着临床研究的机会。这也正是 Wilson 教授感叹之处。他在特稿的最后一段是这样总结的：

  A. B. 黑斯廷斯将协和描述为"中国宫殿内的洛克菲勒研究所和医学院"，他用了宫殿一词，想来是指协和的建筑和以前这块地产的用途。在我心目中，不管采用哪种解释，协和都是内分泌学的宫殿。笃而论之，协和在内分泌学临床研究方面的机会也许是独一无二的。[①]

担任临床药理中心主任

  1995 年，北京协和医院临床药理中心成立，史轶蘩就任首任主任，直到 1998 年。这是另一个进行临床与基础结合的平台。

  史轶蘩对临床药理的重视由来已久。她常常对学生说，外科大夫用手术刀帮助患者；我们不会做手术，我们能做什么呢？我们只能把药用好，所以一定要把这些药物的方方面面都理解透彻。

  正因为如此，史轶蘩从回国就非常重视内分泌学中临床药理的工作。从溴隐亭、奥曲肽、重组人生长激素、睾酮制剂到减重药物，史轶蘩都是临床试验的领导者。而一部分药物如溴隐亭、奥曲肽和生长激素的临床药理研究，也成为垂体瘤系列研究的一部分，对我国乃至世界的垂体瘤诊治均有十分重要的意义。

  金自孟教授亲身参与了从 1979 年使用溴隐亭开始的几乎所有有关垂体疾病治疗药物的临床研究，并且也一直是北京协和医院临床药理从无到有、从小到大的参与者和见证者。

---

 ① Wilson JD. Peking Union Medical College Hospital, a palace of endocrine treasures. *J Clin Endocrinol Metab*. 1993, 76（4）: 815-816.

图6-12　1996年临床药理研究中心成立之初主要工作人员外出考察时的合影（前排左起：关淑霞、游凯；后排左起：江骥、费亚新、史轶蘩、单渊东、李大魁）

　　我们国家原来是没有临床药理的。大概是1983年，我们开始起步临床药理的研究工作。当时没有药监局，由卫生部新药处来管理。1983年开始办临床药理的培训班，我们科里派了苏振华去学习。当时一年半一期、由北京医学院的李家泰负责。第二期是1984年，派我去的。1983—1984年，卫生部确定了我们国家的临床药理基地，内分泌科成为全国第一批临床药理基地。当时跟内分泌有关的就两个，一个是我们科，另一个是天津医学院总院的内分泌科。

　　1984年我去参加培训，对新药的应用稍微有点正规了解。1985年5月，在青海西宁召开第一届临床药理会议，我去参加。当时卫生部的新药处拿到一笔经费，要建设临床药理基地，要买几台液相色谱仪。当时我争取到了一台指标，但机器什么型号不知道，我对仪器不懂。拿到指标回来，跟史大夫他们商量。那时候史大夫已经是主任了。当时别的科没有新药，只有我们科有。史大夫跟我们说，外科大夫可以开刀，内科大夫能做什么？就是药物的临床研究。所以她觉得这个工作对我们是很重要的，她非常重视。这时陆召麟已经调到我们科了，史大夫让陆召麟帮我，要选什么机器啊、什么公司的、要挑些什么。卫生部把这个任务交给我们，因为统一采购比较省经费，所以分给其他省市也叫我们来定。我和陆召麟两个人填了好多表，最终卫生部批下来，就按我们定的去买了几台高压液相色谱仪。后来李明用的那台，就是以我的名义申请来的。第一届临床药理会议以后，卫生部又开了一个关于国内如何组织推广临床药理研究的会议，组织北京地区做临床药理的几个医院的十几个人到新药处开会，我和史大夫去了，从此史大夫正式开始做临床药理的工作。1986年在杭州开了一次临床药理会议，制定我们国家的药物临床试验管理规范（GCP）。我们内分泌科有8个人参加，包括陈家伦、盛树力等。当时第一稿，内分泌定了两个，一个是降血糖药，另一个是抗甲状腺药，降血糖药交给我，抗甲状腺药交给天津医学院的王大夫，完成第一版的草稿。[①]

随着临床药理工作在北京协和医院开展得越来越多，中国医学科学院和北京协和医院也越来越重视这项工作，于是有了1995年北京协和医院临床药理中心的成立。金自孟对此也有非常清晰的记忆：

> 1985年，我们医院成立临床药理小组，组长是药物所的于一文，成员有10来人。最早全院只有内分泌科有临床药理基地，到1986年有6个科室有临床药理基地，1988年扩大到12个科。医院开始重视这个工作，单渊东大夫、史大夫和游凯大夫一起商量，应该集中起来搞个临床药理中心，对医院里的临床药理工作有个指导。
>
> 全院成立临床药理中心以后，史大夫是主任，加上游凯大夫、单渊东大夫，以他们三个人为主。临床药理中心包括两个部门，一个做临床药理研究，另一个做实验室部分。[②]

史轶蘩对临床药理研究的要求极其严格。按照山德士公司奥曲肽项目

---

① 金自孟访谈，2013年4月24日，北京。资料存于采集工程数据库。
② 同①。

负责人Harris的观点，史轶蘩提供的数据是高度可信的，她的团队的工作甚至优于多数西方同行的工作。

在Harris被问到为什么选择史轶蘩作为奥曲肽项目在中国的主要研究者，Harris毫不犹豫地说：

> 因为我听说她在溴隐亭研究上开展了很好的工作，有人建议我联系她，因为想看看中国患者用了我们药之后的反应。她在同事、实验员中受到了推荐，她是溴隐亭项目的主要研究者。我们去了香港办公室，他们都知道史大夫，并向她介绍了我，这是我们关系的开始。①

1987年，Harris来到北京，第一次见到史轶蘩并参观了北京协和医院内分泌科的实验室，对史轶蘩的敬佩之情油然而生。

> 当我走进实验室时，给我的一种感觉就是，所有事都标准化，她做得很好、很详细，从她这里出来的数据都有很高的质量，我有这种感觉。通过和她交谈和参观实验室，我了解到很多都是手工得出的结果，那时候在中国几乎没有电脑，我记得他们手工画的图都很漂亮，我从没见过更美的手工图了。现在人人都用电脑了，但那手工画确实给我留下了很深的印象。②

与Parfitt教授和Wilson教授一样，Harris也对北京协和医院内分泌科的罕见的患者种类和数量之多感到吃惊，而肢端肥大症患者的数量超过欧美任何一家研究中心的事实使他更加重视同史轶蘩的合作。

> 在20世纪90年代末期，首先就是患者数量之多，这是北京协和医院独特的地方。就像所提到的，有很好的数据，由医院总结概括，

---

① A. Harris访谈，2014年4月19日，波士顿。资料存于采集工程数据库。
② 同①。

可以保存很长时间,这些方面很重要。对于罕见病的认识很有优势。①

此后 Harris 每年不定期地来到北京协和医院,和史轶蘩合作推动这个项目顺利进行。他对和史轶蘩的合作非常满意,以至于他对这一项目充满了"美妙的回忆":

我跟她的合作很顺利。最棒的是,她能准时给我提供高质量的数据。

她的数据很可信,这很重要,和她一起工作,你可以相信她的数据的高质量,相信她总结概括的方法,她收集数据的态度很严谨。

基本上,她和我一起推动这个项目,我判断患者特点、药物的剂量、管理。她主要负责实施研究进程、处理数据,然后我们一起解释数据,得出结论。我们合作发表。我们不同部分之间相互合作,交换想法,共同做决定、得出结论、产出成果。

我们也在这个过程中受益了,遇见了史大夫和北京协和医院。这是双方共赢。我很高兴能和史大夫共事,她是中国的临床试验的先驱之一。②

史轶蘩的学生潘慧现在已经是北京协和医院的教授,他清晰回忆起在史轶蘩领导下进行临床药理研究的情形:

我从 1995 年年底开始在病房轮转,大概在 1996 年年底,史大夫当时正在做"伟哥"那个蓝色小药片的临床观察,她想找一个年轻的大夫来做这个临床药物观察,她选中了我,我便开始在那里做临床观察一系列的工作,她对填临床研究报告表非常严格,辉瑞的全球总监还带队亲自来监测,这里面有一个人,据说在他们那里干了 20 年的 molic,就是一次核查的时候全对。史大夫跟我说:"小潘,你好好努力,咱们争取在填写临床研究报告表过程中就全对。"因为史大夫特

---

① A. Harris 访谈,2014 年 4 月 19 日,波士顿。资料存于采集工程数据库。
② 同①。

别好强,她希望我们科去争取这个荣誉。我们就特别地努力,做得特别仔细,经常加班加点。最让我们佩服的是,好多活她都是跟着我们一起干,其实她当时岁数也不小了,但是她一直是跟我们一起,从来没有说比我们早回去过,经过努力,我们填了两份临床研究报告表,那个molic从头到尾挑不出一点毛病。通过这个事情,我就对史大夫有了更深刻的了解……①

在临床药理工作蓬勃发展之时,史轶蘩也注意到了国内许多临床药理研究不够规范的问题。1999年,史轶蘩参与编写了培训教材《药品临床试验管理规范》,于2000年8月出版。2001年,史轶蘩又在《中华内分泌代谢杂志》第3期发表述评《必须按国家药品临床试验规范进行内分泌药物的多中心临床研究》,强调了临床试验的科学性、符合伦理及合法性。对科学性的要求包括临床试验过程必须规范可靠,资料完整、精确,结果客观、可信。述评对临床试验设计方案的合理性和可行性做了论述,对设计方案注意事项也作了精彩论述。此外,该文对操作流程的正规性、检验方法的质控和数据收集与统计均明确提出了操作原则。最后,述评还强调必须把患者的利益放在第一位,确保知情同意;同时必须符合现行法规。这篇述评影响力很大,当年就被《中国中西医结合杂志》转载,编辑部在编者按里写道:

> 《中华内分泌代谢杂志》今年第3期刊载史轶蘩教授的《必须按国家药品临床试验规范进行内分泌药物的多中心临床研究》一文,对提高我国临床研究的水平很有帮助。该文虽为针对内分泌药物的临床研究而言,但其所提出的原则、方法、要求也适用于中西医结合的临床研究。现征得作者及原刊登杂志社的同意,特转载于此,供读者参阅,冀其对提高我国中西医结合临床研究水平有所裨益。②

---

① 潘慧访谈,2013年10月24日,北京。资料存于采集工程数据库。
② 史轶蘩:必须按国家药品临床试验规范进行内分泌药物的多中心临床研究。《中国中西医结合杂志》,2001年第11期,第806-807页。

高鑫教授曾作为分中心负责人参加史轶蘩主持的有关减重药物治疗肥胖的临床试验。她谈到这一段和史轶蘩打交道的经历时非常感动：

当时有几个肥胖药物要在中国进行临床试验注册，史教授是牵头人，我们是参加单位。当时正值我们国家的药物临床试验管理规范刚刚出台不久，史教授作为牵头人，开启动会不仅是为了做这个试验，她还肩负着普及药物临床试验管理规范的责任，所以每次开启动会都有一个非常重要的环节，要讲药物临床试验管理规范的原则。从药物临床试验管理规范的发生发展到中国怎么开始药物临床试验管理规范的指南的修订，包括在真正开始临床试验的时候怎么去执行。她讲得特别认真，并要大家好好学习，认真按照药物临床试验管理规范做，同时把所有临床的症状、疗效、不良反应都记清楚。尤其是讲到不良反应，相关还是不相关，她说要谨慎判断。比方有一个人，骑自行车出车祸了，出现一例你认为没有关系，如果不记录下来，再出类似的问题，多了，我们就要考虑什么问题。不能只认为它是一个偶然事件了，那么会不会这些药物对中枢对认知对判断有问题呢，所以一定要实事求是，把发生的所有的事件都记下来，一定要严谨。另外她还和我们讲，意向性分析（ITT）和符合方案集分析（PP）是怎么回事，她说我们在做统计分析的时候，意向性分析一定是按照这样去做疗效分析和不良事件，才更有价值，要是符合方案集分析你都没有做到底，把有效的都留下了、无效的全都没记，那这个数据就不是真实的，就不能列入。

所以我就觉得她特别有责任感，要推广、普及、规范化我们当时这个药物临床试验管理规范的指南，这是她的贡献之一。这是我工作以后，作为同行，大家共同共事的时候我对史大夫的认识。她跟我说，让你们的小大夫也来参加这个培训，让他按照这个方案、严格按照这个原则去做临床试验，他一定会成为一个好大夫。我觉得史大夫做什么事情都不忘把临床怎么加深加强，也不忘培养学生。我在史大夫身上学到了很多东西。①

在史轶蘩和一批志同道合者的共同努力下，一方面，使北京协和医院的临床药理中心成为一个重要的平台科室；另一方面，使我国内分泌学界的临床试验逐渐走向正轨，许多医院的内分泌科逐渐被国际多中心临床研究接纳为分中心。

---

① 高鑫访谈，2013年8月22日，西安。资料存于采集工程数据库。

第七章
推动全国内分泌学的发展

中华医学会内分泌学分会

1964年,第一次中华医学会全国内分泌与肾脏病学会议在广州召开,这是中华医学会内分泌学分会的前身。刘士豪作了《内分泌学的发展趋势》的重要报告。当时史轶蘩还是主治医师,未能参加这一盛会,她在刘士豪教授的指导下投了3篇论文,两篇是关于库欣综合征的,一篇是关于卵巢功能衰竭的。史轶蘩十分重视这3篇论文,在此后历次整理著作清单时,这3篇论文均位居前列。

然而这一会议却成了空前绝后的会议,因为1966年开始的"文化大革命",使得全国内分泌与肾脏病学会议永远停留在第一届。而史轶蘩想要参加这一会议的愿望从此成为遗憾。

1980年12月,中华医学会内分泌学分会在广州正式成立,朱宪彝任主任委员。此时的史轶蘩正在准备行装奔赴美国国立卫生研究院,同样与这一届全国内分泌会议擦肩而过。

直到1985年,中华医学会内分泌学分会第二次全国会议在武汉召开,史轶蘩才第一次在全国会议上崭露头角。当时史轶蘩已经就任北京协和医

院内分泌科主任两年余,对垂体疾病的研究也已经有了初步成果。对此次会议,金自孟教授回忆道:

> 到了1985年,在武汉的东湖开第二届的内分泌会,那是"文化大革命"以后恢复的第一次内分泌会,全国400多个代表参加。那时候不分组,全部都是大会发言。跟垂体相关的疾病,包括库欣综合征在内,共报告了7篇文章。其中五篇是我、史大夫、邓洁英我们三个去报告的。①

史轶蘩在那一届大会上当选为副主任委员,并在第3次全国会议上连任副主任委员,在1993年第4次全国会议上当选为主任委员,1997年再次连任。因此,史轶蘩担任了两届副主任委员和两届主任委员,而这四届

图7-1 1990年史轶蘩在参加全国内分泌大会后与部分人员在纪念刘士豪教授壁报前合影(前排左五为史轶蘩)

---

① 金自孟教授访谈,2013年4月24日,北京。资料存于采集工程数据库。

图 7-2　1994年史轶蘩参加第十届亚太内分泌学术会议时与内分泌科部分人员合影
（前排左四为史轶蘩）

图 7-3　1997年史轶蘩参加中华医学会第五次全国内分泌学术筹备会时的工作照
（前排左三为史轶蘩）

第七章　推动全国内分泌学的发展

图 7-4 1999年参加国际华夏内分泌大会后垂体组部分成员合影（第二排左三为史轶蘩）

恰恰是我国改革开放不断深化的年代，史轶蘩抓住这一机会，为促进全国内分泌学的发展作出了不可磨灭的贡献。

荆运朴是中华医学会学术会务部的专职工作人员，于1990年接手内分泌学分会相关工作。他在中华医学会和史轶蘩共事超过10年，对史轶蘩在学会的贡献也是钦佩有加。

> 史大夫在这个阶段为我国内分泌学科的构建、完善、发展，并走出国门作出了卓越贡献。我国的医学发展（主要是西医范畴），学科的划分，与跨地区、跨医疗机构的学会发展、交流密不可分，甚至有些学科是借助学会的发展而发展的。
>
> 中华医学会内分泌学会成立于1980年。在学会建立之初，老一辈内分泌学家邝安堃、朱宪彝就为学科的后继接班人作了审慎的思考。他们选中了科研能力强、有献身精神、能团结学科同仁的陈家伦、史轶蘩二位大夫作为内分泌学会未来的领导核心。
>
> 陈家伦教授于1985年、1990年担任了第二、第三届内分泌学会主任委员，史轶蘩教授任副主任委员；史轶蘩教授于1993年、1997年担任了第四、第五届内分泌学会主任委员，直至2001年。从1980

年到2001年，正是我国内分泌学科从初建、到成熟、到大发展的关键20余年。

我于1987年调入中华医学会工作，真正与史轶蘩大夫共同工作是从1990年，那时我接手内分泌学会的工作。以后，共11年的时间，我一直作为医学会与内分泌学会的联络人。在此之前，我已经听说过许多，例如她严谨、执着的工作作风，正派、耿直的性格特点，热情、率真的待人态度，等等。真正在一起工作，就有了更多切身体会。

她在领导内分泌学会期间，颇有大将风度，在学术会议筹备工作过程中，指挥若定、命令明确、拍板果断、分工有条不紊，而且根据每位常委的特点分派任务，发挥了大家的特长和积极性。各位专家一边工作，一边享受大家庭一般的乐趣。①

史轶蘩在内分泌学分会的工作态度是有目共睹的。在担任副主任委员期间，由于主任委员陈家伦在上海工作，因此许多事务性工作由史轶蘩参加，而史轶蘩对待学会工作一丝不苟的态度让许多人深受感动。

荆运朴曾经这样描述史大夫对学会工作的态度：

> 我接触过许多分会的主任委员、副主任委员，这些教授的差别特别大。……有的主任委员，工作不是特别主动。我们有的时候会有些信函类的东西，寄过去，也不晓得他收到没有。有的时候就去拜访他，他说他知道这个事儿，这个活动他尽量争取去，然后到时候他又不来了。比如我们开组委秘书会，这是很重要的会议，医学会要和各个学科来布置这一年的事情，我们希望主任委员都亲自来参加，有些主任委员不太当一回事。或者可能是外科系统，说我今天有手术去不了，派一个年轻人去吧，让他去听听就算了。但是史大夫，她在做副主任委员的时候，所有这些活动她都非常认真，几乎每次会都发言，

---

① 荆运朴访谈，2014年5月8日。资料存于采集工程数据库。

和其他人真的不太一样。就是她只要坐在这儿了，就会认真听，听这个会议讲的哪些事儿，有哪些工作，有哪些是总会的精神，有哪些是需要专科学会具体来做的事情，她的思维很活跃，听完后总会提出自己的想法。我们每次开会的时候，史大夫还没发言，大家就说问问史大夫还有没有话说。这一点上我觉得她和别的主任委员不一样，她对学会很关心。①

史轶蘩在推动全国内分泌学发展方面作出了巨大努力。

在全国进一步树立尊重知识、尊重老专家的风气。史轶蘩在1990年在南京举办的第3届中华医学会内分泌学分会上提出了给刘士豪、朱宪彝、邝安堃3位内分泌学界先驱举办追思会，会上她介绍了刘士豪教授的生平和成就，声泪俱下，令无数在场者动容。荆运朴还记得那次会议的细节：

因为我们在工作中，会场的很多事情需要我们去协调，所以听得并不完全，但是她讲的时候，我在那听了一会儿。她当时讲，刘士豪教授在"文化大革命"期间被派去打扫卫生，他就一边扫地，一边悄悄把史大夫叫过去，说她要注意哪个患者要做哪些检查，还有哪个患者要注意调整哪些药物。刘大夫并没有去查房，他是在打扫卫生的过程中观察患者，然后很详细地告诉史大夫应该怎样处理、怎样观察病情。所以，史大夫当时特别感动，她说这些事情的时候，眼里是流着泪的。②

推动学科发展，促进国际交流。这是史轶蘩在学会工作中最重要的方面。说到史轶蘩为促进交流而举办的会议时，荆运朴几乎是如数家珍：

从1985年到2001年，史大夫在推进学科发展进步方面可以说是呕心沥血、锲而不舍，基本上每年都有新设想、新举措。1985年和

---

① 荆运朴访谈，2014年5月8日。资料存于采集工程数据库。
② 同①。

1989年的两次胰岛移植会议，1987年的男性学会议，1989年的代谢性骨病会议，1989年和1991年的垂体－肾上腺轴会议，1992年的基础学组会议，1992年组织中日医学大会内分泌分会场，1993年的换届学术大会，1994年的第十届亚太内分泌大会，1995年的全国甲状腺会议、胰岛移植会议，1996年的中日韩甲状腺会议（北京），1997年的换届学术大会，1999年国际华夏内分泌大会，2000年内分泌激素与高血压会议，2001年换届学术大会，以及其后紧接着在香港召开的第二届国际华夏内分泌大会。此后，这个交流范围就逐渐被海外华人专家认可了，促进了全球本学科华人的交往和友谊。[1]

许多国际交流都有史轶蘩的心血，其中包括1994年的亚太内分泌大会，还有中日交流、中日韩交流均为史轶蘩促成。当然，最著名的会议是1999年国际华夏内分泌大会。

吴从愿教授也认为史轶蘩在推动学会国际化的进程方面功劳很大。

史大夫对我国内分泌学的国际化起到了很大的推动作用，这也是今天我要重点说的。

可以分成三部分来介绍。第一个是拓宽了中日内分泌界进行学术交流的渠道。1985年9月，史大夫作为北京协和医院内分泌研究中心的主任教授，我作为副研究员，一起去日本进行考察和学术交流。这期间，我们认识了不少日本内分泌学界的学者，比如东京女子医科大学的正木和夫，京都大学第二内科的主任景村一夫（后来是京都大学的校长），日本国立生理科学研究所所长江桥介郎，他在神经内分泌方面的研究成绩非常突出，曾获得诺贝尔奖提名。还有一位是室内原兴，是冈崎功能研究机构很有名的药学家。考察回来以后，我们做了总结报告。通过考察，史大夫提出了很多建议。我们垂体瘤的研究能够进行得那么深入，跟这次考察是分不开的，我们在京都大学对垂体

---

[1] 荆运朴访谈，2014年5月8日。资料存于采集工程数据库。

肾上腺进行了详细的学术讨论。实际上，我们这方面跟他们的差距还是有的，从他们那里受到不少启发。后来就派张涛去冈崎读药学研究生；周军教授、宋轶教授也到日本去学习考察；曾教授到日本东京女子医科大学深造。卫生部对这次考察很重视，建议加强跟日本的深层次交流。后来这些会议就更多了。

第二个是加快了中华医学会内分泌学会加入国际内分泌会的进程。在主任委员陈家伦和副主任委员史轶蘩的共同努力下，中华医学会内分泌学会终于在1988年12月正式加入国际内分泌学会。1989年史大夫就动员全科副教授以上的同事都去参加这个协会。参加这个协会需要一定的经费，史大夫就帮忙想办法。这也加快了我们科的国际化进程。

第三个是实现华夏内分泌欢聚一堂、共商发展大计的一个梦想。中华儿女不管身在何处，彼此之间亲和力还是很大的。史大夫在1997年连任中华医学会内分泌学会主任委员后就和香港、澳门还有台湾等地区的内分泌专家反复协商，经过艰苦的努力终于达成了共识，在1999年顺利召开了第一届国际华夏内分泌大会。到现在已经开了七届。参加人员也扩大到了在加拿大、美国、英国、澳大利亚、新加坡的华人。现在这个会议的影响力越来越大，这与史大夫的不懈努力是有关系的。她对整个团体、对于整体的发展起了很大的推动作用。[①]

荆运朴对史轶蘩为争取亚太内分泌大会在我国召开和国际华夏内分泌大会的筹备所做的各种努力还历历在目：

史大夫在出国参加学术会议时，尽力争取国际会议能在北京举办。这不仅要让世界知道国内学术水平，还要了解北京的饭店、交通、会场规模、会场条件等。那时没有多媒体，没有电脑投影，只能播放幻灯片，可是外国专家提出的问题，我们恰好没有准备，更没有

[①] 吴从愿访谈，2013年4月27日，北京。资料存于采集工程数据库。

相应的幻灯片，只能靠口头描述，述说我们的长处和特点，充分表达我们的诚意和努力。当时正好在亚运会之后，所以有些国外专家对北京还了解一些。经过几位专家的共同努力，终于争得了第十届亚太内分泌大会的主办权。

大会于1994年11月在北京举行，史大夫作为大会中方主席，连续忙碌了几个月进行筹备，每个月我们都要见两三次面，来讨论会议的很多细节问题。最后大会开得非常成功，与会的外国专家都盛赞此次大会。因为在此之前，很多专家，尤其是医学专家，他们对中国的认识还停留在以往的宣传中，这次亲眼看到中国的变化，看到中国老中青几代专家努力追赶世界学术前沿的研究成果，他们改变了对中国的成见。

为了这次大会，史大夫建议召开一次青年医师英文论文比赛会。1994年5月，比赛会在北京召开。这次活动非常独特，是医学会各个学科中首个自始至终用英文发言、讨论、答疑和专家点评的会议，而且就论文的科学性、论文设计、英文表达水平进行评奖，大大激励了青年医生用英文发言的热情。许多点评很严格、中肯，对医生现场表达英文能力有大幅提高，同时为亚太内分泌大会做了充分的组织准备和学术准备。

还要提一个细节，由于当时国内医生出席正式国际会议的机会比较少，史大夫专门在大会开始前举行了一次国内参会代表的礼仪教育活动，用了两三个小时，深入浅出、妙趣横生地亲自讲解会场内的礼节、着装的注意事项，甚至怎样出席宴会和吃自助餐。

为了发展我国与日本同仁之间的交流，学会连续举办双边学术会议，中日糖尿病会议每2年举办一届，中日甲状腺会议每3年举办一届，这些成为两国间学术交往的稳固桥梁。1996年，又邀请了韩国的学者，扩大了交流范围，同时在北京举办了中日韩甲状腺学术会议，建立了三国间定期轮流作为东道主召开的会议，扩大了三国学者的交流与友谊，使交流更趋活跃。

有了1994年召开亚太内分泌大会的成功经验，内分泌学会计划召开一次覆盖更广的华人内分泌会议。国际华夏内分泌大会最初的名字是世界华人内分泌大会，但国家有关机构不批准，所以就考虑用一个比较模糊的名称"华夏"。

从医学会分工来说，这个会是学术会务部和对外联络部两个部门联合筹备，对外联络部的同事跟我们也很熟，所以经常是我们一起跑到史大夫这儿来向她汇报工作。在筹备的时候，史大夫提出来，我们有能力开一个这样的会议，而且我们作出了很多研究，我们要让世界知道。但是，如果单纯走出去参加国际学术会议，我们的经费非常有限、参加的人员有限、发言机会也很少。如果我们能办一个华人的会议，可以通过在国外的同胞向国外同道来宣传。就是说我们能向世界广泛宣传我们做出来的东西，让世界了解我们，是出于这样一个目的。因为当时的联络方式不像现在这么便捷，很多时候是史大夫亲自写信，然后一封一封地往外发……①

经过精心准备后，1999年10月18—20日，中华医学会内分泌学分会在北京国际会议中心顺利召开了第一届国际华夏内分泌大会。来自美国、加拿大、英国、新加坡、澳大利亚等国家和香港、台湾地区的代表参加了此次会议，这次会议为国际、国内的内分泌学学者进行广泛交流提供了机会，气氛也非常热烈。

就任《中华内分泌代谢杂志》总编辑

1997年，史轶蘩连任中华医学会内分泌学分会主任委员后，又当选为学会期刊《中华内分泌代谢杂志》总编辑。当时该期刊的总体状况并不理想，在中华医学会系列杂志内籍籍无名。史轶蘩就任后，提出了一个大胆

---

① 荆运朴访谈，2014年5月8日，北京。资料存于采集工程数据库。

的建议，建立南方审稿组和北方审稿组，迅速得到了多位编委的响应。此后，史轶蘩兼任北方审稿组组长，几乎每月都会组织审稿会。这一措施极大地促进了杂志的发展，稿件处理的速度明显加快，作者投稿的积极性明显增加，稿源也得到了开拓。史轶蘩对稿件质量要求很高，不达到要求绝不同意发表，从而保证了稿件的质量。由于审稿会的讨论对评阅人的水平有着非常大的提高，这样杂志就有了一个高水平的评阅人群体。此后，《中华内分泌代谢杂志》逐渐进入了一个良性循环，无论是学术水平还是受欢迎程度都得到了大幅提升。

史轶蘩在办刊思想上有一个非常明确的想法，就是要多发一些对临床医生有启示的临床论文，而不是做纯基础研究的"耗子"文章。李光伟教授对此有着深刻印象。

> 她对《中华内分泌代谢杂志》投入了大量心血，确立了杂志的侧重临床的办刊方向。她要求多发临床的文章，不要变成"耗子"杂志，她特别强调这个。这是一个给临床医生看的杂志，虽然基础研究要做，但是主要是临床的。另外，她对综述的要求非常严格，她认为不是谁都能写综述，必须是做了该领域工作的人，才能熟悉整个领域的发展、对将来提出意见……
>
> 那时候我和史教授经常做审稿人，审稿的时候我们发现，医生对统计学不太了解，医生在发表文章的时候，经常把"相关"说成"因果"，这种现象非常普遍。我和史教授谈过一次，相关和相伴是完全不一样的。相关是指真的有联系，毫无联系的不能叫相关。比如院子里的树长高了，孩子也长高了，这两件事同时发生，但是毫无联系。但是有的人不懂这个领域，就会说，我的孩子长高了，是因为树长高了。这是不对的。你把这"因"消了，"果"就没有了，这才是因果关系。高血压的患者常有糖尿病，高血压治好了糖尿病不一定好，这两个是相关，但不是因果关系。因果关系，有一个预测关系。我们医生做研究，就是要找因果关系，在相关、相伴、预测混在一起的时候，我们很难分清谁是因谁是果。我们当时就觉得，医生必须懂一些统计

学知识。史教授就让我写一篇文章谈谈这些，我写完之后她改了一些，就发表了，在国内引起了较大的反响。后来有好几个讲座，我们都在讲这件事。不仅如此，史大夫还经常在会上讲怎么审稿、怎么发现问题，也培养那些编委，提高他们的审稿水平。所以说，杂志的水平越来越高，也与这些分不开。①

李光伟和史轶蘩联名撰写的述评《应重视临床科研中的因果推理——也谈相关因素、预测因素和危险因素》于2003年在《中华内分泌代谢杂志》上发表后，引起了临床内分泌学界的重视，对作者、读者和审阅者的水平提高都大有裨益。这样对整个内分泌学界学术水平有帮助的事，史轶蘩都是在努力推动的。她追求卓越的一贯风格同样用到了《中华内分泌代谢杂志》审稿的工作中，有效提高了期刊的质量。因而李光伟教授认为："这本杂志是中国内分泌学界，甚至中国内科学界质量非常高的一本杂志，史大夫对质量的把控起到了重要作用。"

据李光伟回忆：

  史教授非常严格，她说写文章要敬畏科学，文章写好后，最好在抽屉里放半年才能发表，因为这半年，你可能觉得这文章哪儿错了，哪儿需要改，还能随时进行修改。②

李光伟自己就有两次未能通过史轶蘩评阅的亲身经历：

  一篇是研究生长激素瘤术后，生长激素的水平降到多少时，高血压会消失。这篇文章我大概改了五六遍，她老觉得不满意，因为这个水平降低点是控制在3还是5，实际应该是降低到3以下高血压就消失了，降低到5时在临床看来是痊愈了，但是高血压不消失。最后这篇文章没有发表。

---

① 李光伟访谈，2014年3月16日。资料存于采集工程数据库。
② 同①。

另一篇是我在中日友好医院的时候，写了一篇关于鞍区手术后的三相型尿崩问题的文章。因为我们知道，鞍区手术对垂体是一个打击，垂体瘤处于休克状态，不分泌抗利尿激素，使患者处于尿崩状态。休克期过去后，垂体中残留的抗利尿激素全部分泌出来了，就会导致低血钠。残留的抗利尿激素释放完全后，由于没有新生成的抗利尿激素补充，又会出现尿崩症，于是就出现尿崩症—低血钠—尿崩症这样的情况，叫作"三相型尿崩"。这种情况下很有迷惑性，因为看到的低血钠的人，最后又变成尿崩症了，但有些患者低血钠非常严重，有的甚至昏迷。我当时总结了80例，总结"三相型尿崩"是怎么形成的，是篇回顾性的文章，投给了《中华内科杂志》。这篇文章交给了史教授审稿，她并不因为我是她的学生就同意发表。她对我说，这篇文章只有回顾性研究还不行，你得做几例前瞻性研究。我回去之后就和中日医院神经外科的大夫商量，一起做前瞻性的研究，但最终因为他们太忙没做成。这篇文章最终没能发表在《中华内科杂志》上，只发表在了我们院刊上。①

在2005年第4期的《中华内分泌代谢杂志》上，史轶蘩和编辑部主任陈名道联名为创刊20周年撰写了1篇特稿《从JCEM的特色思考CJEM的发展方向》，指出了《临床内分泌与代谢杂志》所刊论文受到全世界内分泌医师广泛欢迎的原因。其中"目的都是为了解决一个临床实际问题，理解一个新的理论，创造一种新的思路，且都有一定的深度"正是史轶蘩着力促成的目标。该文最后一句话"总有一天，《中华内分泌代谢杂志》会从中国走向世界，在全球内分泌代谢杂志中占有一席之地"②正是史轶蘩心声的由衷表达。

---

① 李光伟访谈，2014年3月16日。资料存于采集工程数据库。
② 史轶蘩，陈名道：从JCEM的特色思考CJEM的发展方向。《中华内分泌代谢杂志》，2005年第4期，第296-297页。

第八章
诲人不倦

史轶蘩在教学方面的特点是有口皆碑的。不仅是医学生和研究生，年轻医生和进修医生也都从史轶蘩的教诲中受益良多。史轶蘩对教学相当重视，不但自己有着强烈的教学意识，而且在自己的学生当住院医生或主治医生时，也要求他们要认真教学。

为人师表　身体力行

身教重于言教。史轶蘩的勤奋有目共睹，而她对待医教研的态度也自然而然成为大家的榜样。潘慧回忆他在史轶蘩手下做博士时的情形说：

她一直都是自己以身作则，我觉得在史大夫身边学习必须做好充分的思想准备。学生经常问我，潘老师，您为什么有这么充沛的体力，整天跟打了鸡血似的。我心里说，你们没见过史大夫，史大夫都70岁了，还跟打了鸡血似的。这样的情况，你想你还有理由偷懒吗？而且，史大夫的目光非常敏锐，她一下子能够看到很远，就算你玩命地追都追不上，你想那种劲头，你还有偷懒的理由吗？所以很多东西，就像协和里特别讲究熏陶，这就是熏陶，就像你一进去以后，不需要给你布置任何任务，你就自己能体会到，所以师父领进门，修行在自身，在这种环境下，你是没有办法偷懒的……①

史轶蘩在学习上也是精益求精的。她有几十个大小不等的记录本，记载着她学习各种知识的笔记和心得，内容从电镜、免疫组化、生物化学到病理生理学等，这些都是史轶蘩在50岁以后刻苦学习各种新的基础医学知识的见证。她虚心好学的精神让许多人感动。南京医科大学内分泌科陈家伟教授回忆说："……史大夫生前曾经讲，'我退休以后，就想好好学习生物化学'，她说生物化学非常非常重要……"② 由此可见史轶蘩的学习热情即使是在她的巅峰时期也是极高的。

王辉先是作为卫生部内分泌重点实验室的客座研究员，继而作为史轶蘩的在职博士生，对于史轶蘩的求知若渴也是终生难忘：

我刚到北京协和医院的时候，史大夫让我每周二下午给组里讲医学免疫学课程，我当时只是一位年轻的讲师，她是著名教授，但每次都认真记着笔记。最令我感动的是，一次她到香港出差，由于走的时候匆忙，熨衣服时用的熨斗没有拔电源就放在木地板上了，结果她出差后家里失火了，她回来见到我首先说："王辉，对不起，我的免疫听课笔记也烧了。"这使我终生难忘。③

史轶蘩是以对学生要求严格著称的，但是她首先践行着自己定下的标准，并且做得比谁都好。这样，一代又一代的研究生在史轶蘩的严格要求下迅速成长……

---

① 潘慧访谈，2013年10月24日，北京。资料存于采集工程数据库。
② 陈家伟访谈，2014年6月14日，北京。资料存于采集工程数据库。
③ 王辉回忆录，2014年8月1日，河南新乡。资料存于采集工程数据库。

严谨求精　一丝不苟

史轶蘩对待工作异常严谨，对学生的要求也同样是严谨治学。对学生或下级医生的提问，她一直是持"知之为知之，不知为不知"的态度，但同时会告诉他们下一步如何去做，或查哪方面的文献，或者阅读哪一本专著，或请教某某教授等。

李光伟教授于1983—1984年在北京协和医院进修期间，和史轶蘩的接触很多，有一件事让他一直印象深刻：

> 我记得有一次，我们收了一个孕妇合并有甲亢。当时，我们已经知道妊娠期甲状腺结合球蛋白的增加会干扰加甲状腺功能的判定，但是当时国内还不能测定游离T3和游离T4，只能做吸碘率（吸碘实验），按这个来诊断甲亢。当时史教授说甲亢的活动有三条指标就行，不化验都行，第一是体重，第二是心率，这都是做不了假的，第三个才是化验。化验当时只能测总T3，而甲亢、肝炎患者的总T3都是升高的，因为甲亢的甲状腺球蛋白高，它结合的多，但是游离的不那么多。我当时特别困惑，这个患者的总T3增高，我们如何知道是甲亢引起的，还是怀孕引起的呢？我就问史教授："孕妇的甲状腺激素随着月份改变吗？"她说："我不知道！"我当时就有点惊呆了，是不是史教授生气了。"你去查，回来告诉我。"然后我找来一本书，当时我们还没有电脑索引，只能翻那个大的、厚的索引，一本一本按字头查。查完之后，我描了个怀孕期间总T3变化的曲线图，她就让我把那张图压在她办公桌的玻板底下留做参考。可见史大夫非常虚心、求实、细致，不断追求最新的科研信息，并立即投入临床应用。[1]

---

[1] 李光伟访谈，2014年3月16日。资料存于采集工程数据库。

史轶蘩对研究生在病房担任住院医生期间的要求尤为严格，潘慧对此记忆深刻，虽然当时觉得饱受折磨，但是后来真的是受益匪浅。

我在做住院大夫的时候，史大夫问我："胖子，你管的是几床啊？"我告诉她7床、8床、13床、14床，史大夫说22床是什么病、1床是什么病啊？她其实当时就在引导我，就是说管病房不是把自己的这几个患者管好就OK了，必须要把整个病房的所有情况都了解了。她当时跟我说的一句就是，你现在正在成长，不能只满足于这几个患者。现在我做了老师深深体会到了这一点，在考试的时候经常有学生跟我哭诉，说："老师，这个病我没见过。"我后来细想想，史大夫当年的一些教法，我觉得其实就是在逼着我们珍惜学习的机会，尽可能地多了解病房的患者，然后尽可能利用好这些资源，现在的学生都是被动的学习，其实我们当初也有部分是被动的学习，但是在史大夫的慢慢鞭策下，我们就可能更主动、更全面地去了解内分泌、了解这个学科，所以我觉得在这一点上，其实史大夫是非常独特的。①

李乃适在病房当住院医生期间，史轶蘩曾经对他说："你做住院医生，实际上是能够获得患者的第一手资料的，你有机会对每一种内分泌疾病的患者进行深入了解。这样的机会是非常宝贵的，你过了这个阶段就再也不会有了，所以要珍惜。病房的其他患者虽然不是你管，你也要留意，因为这是你学习的机会。最方便的时候就是在值班的时候，你可以先把所有的病历都看一看，想一想有没有特殊的地方，然后常规看患者的时候简单询问一下病史，再做一些针对性的查体，再思考总结一下这个患者的特点，你就会有长进。日积月累，你的进步就会比你只管手下那六七个患者快得多。"李乃适后来照此去做，确实大有长进，但是也感觉很累，值班时常常到半夜两点还得继续工作学习。

史轶蘩对研究生在实验室的工作同样严格，但是无论多严格，史轶蘩

---

① 潘慧访谈，2013年10月24日，北京。资料存于采集工程数据库。

最不能忍受的是弄虚作假。因此，一方面，她会不定期到实验室检查实验记录；另一方面，她又非常容忍研究生的失败，然后帮助他们分析失败的原因。潘慧在访谈中详细阐述了他对史轶蘩科学态度的理解：

> 史大夫特别尊重这种科学的规则和原则，所以她的要求是非常严格的，在她的眼里决不允许作假，她对我们书写实验记录要求非常高。刚开始，她会经常检查你的实验记录，很多时候她不会只是简单地看一下你的实验数据，她会问你为什么得出这样的实验记录，看数据分析的是不是完整，有没有其他的问题……而且她特别强调每次的实验记录后面一定要写上，今天实验有什么收获、存在什么问题，下次该怎么整改，这是她非常关注的一点。另外一点，在我们实验的过程中失败了，史大夫也不会责怪你，她觉得这是科学研究的一个正常过程，所以她把大量的力气花在帮助你寻找失败的原因，我觉得这对于她来说，可能是最着重的一点。我每次向她汇报时，特别喜欢听她的一些想法，她会从一个新的角度帮你分析。我现在经常会做的一件事情，就是会问很多人同样的一类问题，这样就会从不同角度来解答这个问题，寻找最优化的答案，其实这是当年从史大夫身上学的。另外跟着史大夫做研究的时候，她对某些细节不会抠的那么严格，她不会把过程把握的多严，方向指的也不是那么明确，其实她是想让你更好地发挥自己的创造力，从而提高你的研究能力。所以这是跟着史大夫做研究很舒服的一个地方，也是我们觉得收获最大的地方。①

自主学习　授人以渔

史轶蘩特别倡导自主学习的模式，用现在的话来说，就是"启发式教

---

① 潘慧访谈，2013 年 10 月 24 日，北京。资料存于采集工程数据库。

学"。对此她的研究生有深切的体会，潘慧在研究生阶段就体会并"享受"了史轶蘩的教学风格：

>史大夫对学生的要求就是，我不会告诉你具体做什么课题，但会告诉你哪个领域、哪个方向，然后让你自己去找。我特别喜欢史大夫这种启发式的教学，让你能自己充分发挥。她不一定关心过程，但是你在汇报的时候，把结果告诉她，她会给你一些专业性的指点，在这个过程中间呢，自己成长的特别快。我们跟伍大夫在门诊随访患者的时候，发现了一个问题，好多体质性青春发育延迟的孩子和低促性腺激素性性功能低减的孩子早期鉴别诊断相当困难，我们有一次专门跟史大夫聊了聊，想把这些体质性青春发育延迟的孩子随访到18岁以后，看看有多少自己能够发育的，有多少是诊断为低促性腺激素性性功能低减的，我们看能不能通过早期的一些指标体系进行观察，然后发现一些诊断方法、诊断试验等。她说，那挺好，然后我就正式开始去做，最后定下了我的专题，就是促黄体激素释放激素兴奋试验在早期鉴别体质性青春发育延迟和低促性腺激素性性功能低减的临床意义。我是在一步一步跟着史大夫学习的过程中确定了学习垂体-下丘脑疾病这个专业领域，我觉得最大的收获就是，史大夫从头到尾都没有明确告诉我必须干什么，但是在一步一步的学习过程中，我慢慢体会到这个领域的魅力，我觉得史大夫这种启发式的教学是这些年我受到影响最深的。①

图8-1　史轶蘩指导博士生王峻峰

---

① 潘慧访谈，2013年10月24日，北京。资料存于采集工程数据库。

后来潘慧兼任教育处工作以后，对史轶蘩的这种教学方式的理解又深入了一层：

> 因为我现在自己在做教学研究，我就体会到史大夫其实就是把协和特别强调的自主学习这种学习方式"润物细无声"地发挥到了极致。遗憾的就是，我们在史大夫身边待的时间太短，如果史大夫能多活几年，我相信我们可能收获更大。①

化繁为简　点石成金

史轶蘩在教学时常常将内分泌疾病那些错综复杂的机制和令人眼花缭乱的临床表现表达得极为简单、凝练，这一点让许多人非常佩服。

伍学焱教授自1995年起在史轶蘩指导下攻读博士学位，他对史轶蘩教学风格的概括是："我跟史轶蘩教授在学习以及当同事的过程中，我感到她身体里面有一种素质和能力，就是说把很复杂的东西简单化。"

复旦大学附属中山医院副院长高鑫教授曾经在北京协和医院实习，她甚至可以回忆起史轶蘩在病房教学的场景：

> 我印象最深的是讨论一个怀疑原发性醛固酮增多症的患者。当时是主任查房兼教学查房这样一个形式，坐了好多人，有各年资的医生，那时候进修大夫比较多，我们学生比较少，我们就觉得得到了得天独厚的一个好机会。史大夫讲原发性醛固酮增多症的诊断和鉴别诊断，有时会问我们，"你说说看，为什么原发性醛固酮增多症会有高血压、为什么会有低血钾？""为什么他会周期性瘫痪、为什么会没有力气、为什么会碱中毒、为什么会抽搐？"……当时我们读大学时没有

---

① 潘慧访谈，2013年10月24日，北京。资料存于采集工程数据库。

学原发性醛固酮增多症这一课，我们在那儿想半天答不出来。史大夫说你们想想醛固酮是干什么的，它多了会怎么样、少了会怎么样，你们要把这个病理生理机制记住了，临床症状体征都不用背。这些话到现在我都觉得特别受用。

图 8-2　史轶蘩进行教学查房

现在我当主治以后，上课也是这么带学生的。学生也觉得受用，觉得背书简单了、厚书变薄了。我觉得史大夫的方法，让我们拓展了学临床的思路，通过一个原发性醛固酮增多症的查房，我觉得这对所有疾病的学习都特别实用，而且是受益终生。史大夫的基本功特别扎实，从她身上体现出整个协和的风格：教学、临床诊断和治疗的严谨。我觉得这辈子能够在史大夫指导下，能够在协和工作这么段时间，对我的职业生涯特别有帮助。①

实际上，内分泌疾病在内科学系统里是非常繁杂的一类疾病，临床表现五花八门，往往在各器官、各系统都有累及，如果单凭死记硬背是难以彻底掌握的；而如果按史轶蘩的思路，围绕激素这个"明星"物质在各种疾病中的病理生理改变则变得非常自然，按照常规逻辑就能自行推理出该疾病所具有的临床表现，就会觉得特别简单明了。

因此，受到史轶蘩指点过的住院医师、研究生和进修医师均有一种共同的感受：跟着史大夫学习不仅在具体知识上会有长进，更重要的是学到了内分泌学的诊治思路和方法。

现任空军总医院内分泌科主任关小宏教授这样回忆：

---

① 高鑫访谈，2013 年 8 月 22 日，西安。资料存于采集工程数据库。

当我们遇到问题时，会去咨询老师，比如在垂体组、性腺组，除了问金自孟老师，我们也会直接请教史轶蘩老师。她会不厌其烦地给你解释，从病理生理、发病机制一直讲到如何诊断和治疗，她会给出一个清晰的思路，就是我们常说的给人以"渔"而是不给人以鱼。所以，我感觉我从她的临床实践中学到了更多的知识和方法。①

史轶蘩的思路特别清晰，她可以把患者的病情分析得鞭辟入里，于是问题的核心就会暴露出来，因此史轶蘩的查房特别有价值。

潘慧描述了在病房担任主治医师时请史轶蘩查房的心理：

我们每一次都特别期待史大夫来查房，因为史大夫一查房总能启发你发现一些问题，她确实特别敏锐，我们觉得很茫然的时候，她很快就能告诉你是不是这样的情况……②

黎明也深刻地记得，史轶蘩在一个复杂病例的处理上一句话就点明了下一步的诊治方向。

大概是1996年的时候，我有一次去参加查房，是一个低血糖的鉴别诊断，当时影像学没有发现胰岛素瘤相关的证据，但是血里面胰岛素水平相当高，C肽不高，大家都非常困惑，史大夫点了一句话，这血里面是不是有什么蛋白跟胰岛素结合了？一句话点醒梦中人，因为我是做胰岛素抗体的，立马想到可能有抗体的存在，所以后来我们就把这个事情接下来了，去建立一种方法看看血里面是否存在胰岛素的抗体，结果后面确实证实了这种假设。这基本是我国第一例比较系统地诊断自身免疫性低血糖的病例，而且当时还获得了院里的医疗成果奖。③

---

① 关小宏访谈，2014年6月14日，北京。资料存于采集工程数据库。
② 潘慧访谈，2013年10月24日，北京。资料存于采集工程数据库。
③ 黎明访谈，2014年3月17日。资料存于采集工程数据库。

深入浅出　娓娓动人

史轶蘩作为一名医学院的教授，在医学生教育方面投入了许多精力，对于如何把复杂的内容讲得深入浅出而又生动形象，有着独到的理解和实践。不仅对医学生，史轶蘩对住院医师、研究生、进修医师的教学也是高度重视，即使是同样的主题、同样的幻灯，侧重点也是有所区别的，听课者无一不对史轶蘩的讲座赞不绝口。

据曾任首钢医院内分泌科主任的陆小平教授回忆：

> 她给我们讲一些东西，讲得就是很难形容，谁也讲不出来，我听过很多教授的课，没有一个像她讲得那么好的。她的课大家都爱听，非常精彩，听完以后大家就觉得耳目一新。本来很枯燥的内容，让她讲得就觉得我们生活中到处都是跟内分泌相关的一些现象、一些事例，尤其是她讲的总论，真好……

潘慧对史轶蘩教学的精彩程度佩服得五体投地，在他看来，这种精彩程度不但是教学方法的掌握和对内分泌学理解的程度都到了炉火纯青的地步，而且已经达到了无可企及的高度。

> 史大夫讲课特别生动，而且特别简洁，什么复杂的问题，到了她的嘴里都变得特别容易理解，这也是我特别佩服她的地方。这么多年我都想，为什么她讲得一点都不拗口，也没有生僻字，而且非常简洁，水平明显比我们高出很多。她讲得没有特别花哨的什么东西，但她能特别清晰、特别明了把这些东西讲给你听，我觉得这可能是跟天赋有关……[1]

---

[1] 潘慧访谈，2013年10月24日，北京。资料存于采集工程数据库。

史轶蘩在六十余年的从医生涯中始终诲人不倦，她从当住院医师开始就已经以教学而闻名，而从主治医师开始，一代代的住院医师、研究生和进修医师均对她的讲座记忆犹新。史轶蘩在医学会内分泌学分会任职期间，凡有她的讲座，肯定座无虚席。可以说，史轶蘩的学术思想和治学风格影响了若干代内分泌学工作者，并且还必将继续发挥作用。

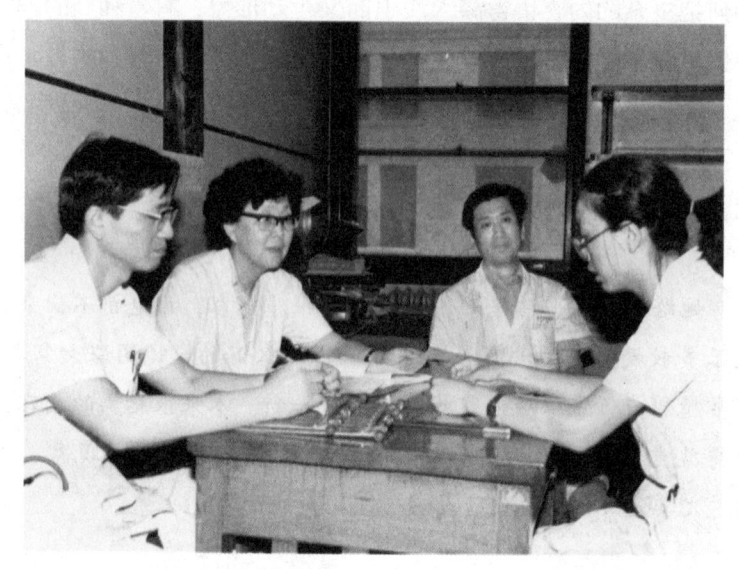

图 8-3　史轶蘩主持研究生临床考试（口试）

第九章
老年时期的学术研究

主编《协和内分泌和代谢学》

1999年,《协和内分泌和代谢学》问世。这是史轶蘩组织全体内分泌科和相关学科成员共同努力撰写的一部专著,是当时国内第一部综合性的现代内分泌学的重要参考书。这本书在很长时间内成为内分泌医生必备的案头书籍,影响了一代内分泌工作者。在北京协和医院内分泌科,因为其权威性和实用性,加上红色的封面封底,这本书被亲切地称为"红宝书"。然而,在北京协和医院的内分泌病房,这本书已经不可复得:因为每天使用过于频繁,一般不到半年一本书就被用得残缺不全,需要更换新书;但是几年以后,该书已经绝版,再买一本已成为奢望,于是现在每个病房都用着复印的4卷本的"红宝书"[①],相同的是折旧的速度和不到半年的使用寿命。

在国际内分泌学界,最经典的一部可作为教材的专著是《威廉姆斯内分泌学》,迄今已经再版14次,该书对内分泌学原理的精辟论述和对临床

---

① 指《协和内分泌和代谢学》已近绝版,供不应求。病房将原书复印后重新装订为4小本以方便翻阅。

实践的指导作用都是举世瞩目的。史轶蘩也从中受益匪浅。然而，在20世纪90年代的中国内分泌学界，能够接触此书的临床医学工作者却是少之又少，加上一定的语言障碍，大多数医生的知识结构很难赶上国际共识。自放射免疫测定法建立以来，现代内分泌学已经得到了长足的发展；各种激素的测定方法均已成熟，而有关内分泌器官的影像学检查也日趋丰富。因此，编写一本现代内分泌学的中文专著是时代的需要，也是史轶蘩内心深处的一个长期愿望。由于长期繁重的临床与科研工作，加上她对教学的高度重视，这个心愿一直没有机会实现。

1995年，史轶蘩在卸任北京协和医院内分泌科主任以后，终于有机会来启动这一工程了。十余年后，当史轶蘩回忆起这段经历，仍然记忆犹新。"当时就想一口气要把这件事做好。很困难呀，谁都很忙，日常工作以外，还要写这本书。由于我们医院是有这个条件的，各个相关科室都比较强，有自己的经验，所以我们把书名叫《协和内分泌和代谢学》。真正开始写的时候，比我想象得还要困难。有几个老大难，真能拖呀，最后大家都交了，就他们几个不交，问到了就说再给两周时间；两周到了，又要两周。有个大夫当时就住在我对面，我从窗户里看见他，就打开窗催他。好在大家都认认真真写了，好不容易才写出来。"

史轶蘩对这本书的要求是国际前沿的内容与国内的临床经验总结相结合，这样对国内的临床大夫更有直接的指导意义。作为主编，她自己独立撰写了很多章节，身体力行地贯彻着这一要求。以第35章生长激素分泌瘤为例，该章共八节，除了历史和病理分类，几乎每一节都有相关的北京协和医院的相应数据的总结。在发病机制一节，史轶蘩又提供了自1979年以来内分泌科垂体组一直在进行的系列体外和体内研究的结果，将国家科学技术进步奖一等奖的相关部分融入这一章节中。在垂体生长激素分泌瘤的诊断这一节，她在阐明生化检查的诊断标准的同时，还详细介绍了各种注意事项；在交代如何判断生化检查结果可靠性的同时，更是用北京协和医院的临床数据总结说明各种结果的假阳性和假阴性在中国患者中的实际数据。这样，读者不但能够了解理论上如何诊断，诊断时如何避免各种"陷阱"，而且能够对中国患者的特点有一个全面的理解，对于理论水平和临床诊断能力的提高大有裨益。虽然这本书编者众多，但是这一特点贯穿了全书的临床部分，成为该书的重要特色，也是这本书成为几乎全国内分泌临床医生案头必备的主要原因之一。

1999年5月，《协和内分泌和代谢学》甫一问世，立即受到了学界的欢迎。同年11月，第一届国际华夏内分泌会议在北京五洲大酒店召开，会议休息期间，科学出版社在会场上现场售书，来自全国各地及其他国家的华人学者均对此书十分感兴趣，购书并与史轶蘩合影者络绎不绝，以至于史轶蘩当时的博士研究生朱惠娟开玩笑说："史大夫，我给你收门票吧，一个人一块钱，一天下来就不得了啦！"

开展肥胖的研究

自1999年起，史轶蘩逐渐将研究重点转向肥胖。

史轶蘩对研究肥胖症的兴趣其实由来已久。早在1980年，史轶蘩就已经撰写了一篇有关肥胖的综述，并发表在《中级医刊》第1卷第3期上。由于当时我国仍处于温饱问题尚未解决的阶段，因此对肥胖的研究没有被提上日程。史轶蘩也将其搁置，专注于垂体瘤研究。

1996年，史轶蘩在参加了一次国际会议以后，开始再次关注肥胖。当时的生活水平已经得到普遍提高，史轶蘩认为对肥胖的研究可以考虑提上日程了。然而她并未贸然开始研究，而是先买了一本有关肥胖的医学专著《肥胖病学》，全面了解了有关肥胖的进展，在1997年更是投入了更多时间和精力去阅读有关肥胖的文献和专著。她要全面了解这一领域的国际前沿，厚积而薄发。

终于，在1998年，一个研究肥胖的契机来临。两种减重药物奥利司他和西布曲明自得到美国食品药品监督管理局（FDA）批准以后，一直计划进入中国市场。作为中华医学会内分泌学分会的主任委员、内分泌领域的专家和北京协和医院临床药理中心主任，史轶蘩多次受邀参加国家药品监督管理局的咨询会。最终国家药品监督管理局同意受理这两种新药的中国注册临床试验，具体如何实施由史轶蘩负责指导。由于此前中国并未开展过相关种类药物的临床试验，为了顺利完成试验，史轶蘩参考国际临床试验的方案，结合中国临床实际来制订在中国可行的方案。一个最典型的例子就是中餐定量的问题。因为中餐与西餐不同，定量难度非常大，因此史轶蘩提出由营养科医生参与临床试验，这是国际同类研究从未考虑的。同时，她还要求通过家访调查药物临床试验过程的能量限制，以获得尽量可靠的数据。1999年7月，这两项药物研究相继正式启动，史轶蘩作为全国临床试验的主要负责人（PI），领导全国12家医院开展临床试验。尽管她当时已经71岁高龄，并因膝关节疾病而行走不便，但仍参加了所有的临床试验前的方案讨论、药物临床试验管理规范培训和启动会议，确保能够做好一切准备工作以便顺利进行临床试验。同年年底，两项药物临床试验先后正式启动，历时约6个月，由于前期研究的规范和非常高的随访率，各方面都非常满意，并使延长期研究成为可能。最终临床试验顺利完成，两种药物经过正规评估以后顺利上市，史轶蘩作为主要研究者不仅完成了国家药品监督管理局的任务，还根据中国的临床试验结果撰写了论文，后发表于《糖尿病医学》（*Diabetic Medicine*）上。长期从事临床药理工作使得史轶蘩对规范性特别重视，这一点在西布曲明的研究中表现得尤为明显。研究数据的分析表明，这种药物可轻度升高血压和提高心率，虽然心血管专科医生认为升高的程度非常小，推测对临床无显著的意义，但史轶蘩仍坚持把这些不良事件写入试验报告并建议使用该类药物前要进行心血管并发症的筛查。2009年，史轶蘩的担心变成了现实：西布曲明因其心血管风险在全球退市。

自2000年起，史轶蘩在北京协和医院建立了肥胖门诊，并联合心内科、呼吸科、妇科内分泌组、超声科成立

图9-1 史轶蘩在肥胖门诊的工作照

中国最早一批的临床肥胖症诊疗中心,开始了系统研究肥胖症的临床诊疗工作。同时,史轶蘩也一直在积极筹划开始进行有关肥胖的基础研究。2001年,她偶然发现北京大学生命科学院的张崇本老师申请了有关前脂肪细胞研究的课题,立即积极与该实验室联系并很快达成合作。张崇本实验室赠送了前脂肪细胞3T3-L1细胞系;在掌握相关技术以后,前脂肪细胞成为史轶蘩研究肥胖的一个重要工具,对这一领域其后的研究有着重要影响。2002年,德国乌尔姆大学(Ulm University)的Pamela教授应史轶蘩邀请来京交流以后,也赠送了一株人前脂肪细胞系,使史轶蘩进行研究的实验对象更为丰富。

与此同时,史轶蘩也在努力开展有关肥胖的科普工作,在电视台做节目、给报纸投稿阐述认识肥胖作为一个疾病的重要性。

史轶蘩希望把垂体瘤的成功经验复制到肥胖研究领域,通过基础与临床两方面的结合,使肥胖的研究达到一个新的高度。可惜的是,2004年以后她的健康状况每况愈下,逐渐不能亲自指导工作了。然而,这一研究领域的转变带来的影响是巨大的,当年的许多学生们正在沿着这条正确的路继续前行。

开展青春期发育研究

史轶蘩晚年的另一个重要研究方向是青春期发育。1999年,她在《中华内分泌代谢杂志》上著文指出研究青春期发育的重要性。青春期发育是一个人从儿童到成人所必经的阶段。发育太早或太晚都会有问题,太早了是性早熟,太晚了要怀疑青春不发育。然而到底什么样算正常,有时很难界定。对于一个族群来说,理论上只有确定正常儿童的青春期发育时间,才可能精确得到诊断青春期发育过早或过晚的标准。这就需要进行流行病学意义上的调查。青春期发育是一个连续的过程,横断面调查需要很大的样本量;而纵向的队列研究是个理想方案,但是耗时太长,难以实现。因此史轶蘩设计了纵横结合的方案，在大庆进行青少年青春期发育研究，并连续3年亲自来到大庆指挥现场研究。这项工作是十分有意义的，但是操作起来非常困难。

为什么选择大庆？当然，大庆是一个典型的北方城市。实际上，我们并没有什么选择。主要是因为李光伟教授过去在那里做大庆糖尿病研究，和当地的医院很熟，帮我们联系的，这样我们才能够开展这项研究。①

有一次，史轶蘩和李乃适谈到当时工作的艰难时自嘲地说：

工作非常困难。为了让家长理解我们的工作，事先召开家长会，好好给他们科普了一下。但是到体格检查的时候，我们在教室里查，

图9-2 2005年史轶蘩参加在秦皇岛组织的矮小儿童夏令营时与有关人员合影
（前排左四为史轶蘩）

---

① 李乃适访谈，2014年2月8日。资料存于采集工程数据库。

有家长就躲到另外一栋楼的高层远远看着,看到我们在给男孩查睾丸,就去找校长告状,说那老太太居然耍流氓!①

这项研究得出大庆市青少年女性青春期性发育始动年龄为 8.5±1.1 岁,而男性则是 12.0±6.9 岁,为中国北方青少年的发育状况提供了非常重要的参考资料。

哲人其萎

2003 年 11 月,史轶蘩应江门市人民政府邀请来到江门,参加院士路的奠基仪式并按了手模。本来史轶蘩是很少高调出席非学术活动的,但是

图 9-3　北京协和医院内分泌科教授千禧年合影
(前排左二为史轶蘩)

---

① 李乃适访谈,2014 年 2 月 8 日。资料存于采集工程数据库。

这一次，江门市人民政府对科学文化的重视和对科学家的尊重打动了史轶蘩，于是她来到她的出生地江门，参加了整个院士路奠基的活动，并允诺次年来参加所有江门院士雕像的落成仪式。但是，她的身体状况却使她再也没有能够来到江门。

2004年，一场突如其来的带状疱疹让史轶蘩疼痛难忍，并且留下了后遗症，右手的无名指和小指不能灵活使用了。这对她是一个巨大的打击。

2007年，史轶蘩住院期间被确诊为阿尔茨海默病。

2012年，史轶蘩被查出患直肠癌。

2013年2月13日，史轶蘩教授与世长辞。

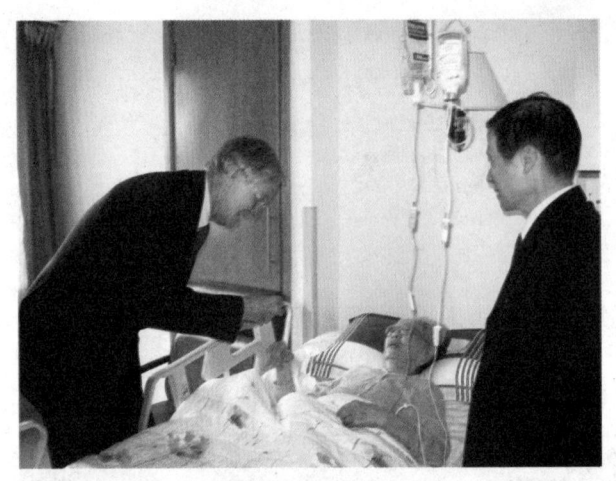

图9-4　2009年时任中国医学科学院院长刘德培院士与荷兰学者看望患病中的史轶蘩

结　语

　　史轶蘩是20世纪20年代末出生的典型的高级知识分子。她出生于旧社会一个家境相对殷实、高度重视教育的知识分子家庭，抗日战争时期在教会学校接受初等教育，而接受高等教育时恰逢中华人民共和国成立前后。至改革开放的阶段已经年届五十，依靠过人的才华和不懈的努力锐意进取，迅速将一个领域的学术水平提高至国际前沿，并带动了相关学科的发展。然而，史轶蘩在这一批知识分子中又是非常独特的，她于1946年考入北京协和医学院，完成了8年学业以后，长期从事临床医学工作。尽管她并没有进一步出国学习先进科学技术的机遇，但在刘士豪等名师指点下，史轶蘩的临床水平依然从临床实践中得到了显著的提高，也特别清楚专业范围内各种疾病的诊治关键之所在。因此，在有机会出国继续学习时，她实际上是带着问题去学习的，并且也知道"时不我待"，科研水平提高迅速，回国后立即将所学付诸实践，推动了我国内分泌学科发展。在行业协会担任领导工作以后，她努力推动全国的学术活动，致力于打造高水平学术交流平台，提高全国同行的学术水平。因此，史轶蘩的一生，是在不断克服各种困难的情况下坚持不懈、锐意进取的一生，她是爱国知识分子中的佼佼者。

承前启后　厚积薄发

北京协和医院的内分泌学领域一直是优势专业之一，培养了刘士豪、朱宪彝、王叔咸、周寿恺和郁采蘩等国内外著名内分泌学家，史轶蘩无论是求学阶段还是在工作早期均已接触到刘士豪教授，并一心一意想从事内分泌专业。刘士豪对史轶蘩的影响是显而易见的，诸多学术思路一脉相承。

史轶蘩的学习能力在中学时即已体现，在青岛的著名教会学校能够一直获第一实属不易；到了燕京大学和北京协和医学院仍然极为出色，先后获得"金钥匙"奖和北京协和医学院毕业生中的优等生，更加说明了她过人的才华。史轶蘩的导师张安，当时已经是北京协和医学院内科血液组的青年才俊，希望她能够从事血液学专业，史轶蘩却婉言谢绝，从此在内分泌领域耕耘一生。当时并非每个毕业生都能够进入自己中意的专业，但史轶蘩的才华一定可以得到大多数"伯乐"的青睐。

1957年春，刘士豪牵头组建内分泌科，史轶蘩为内分泌科临床主力之一。从那时起到1966年，史轶蘩在临床工作中一直受到刘士豪潜移默化的影响。每周一次的教授常规查房及全科疑难病例大查房，刘士豪教授一般都会参加，并对患者的病情进行分析。作为校友，刘士豪教授对史轶蘩的才华极其欣赏。因此，史轶蘩才有幸了解了刘士豪的重要工作，尤其是胰岛素放射免疫测定这样前沿的技术。史轶蘩还作为临床主力之一参加了1964年刘士豪对首都钢铁厂糖尿病患病情况的调查工作，因此对"文化大革命"以前北京协和医院内分泌学科发展的思路有全面的理解。

1983年，史轶蘩回国后就任北京协和医院内分泌科主任，一直担任至1995年年初，卸任前还被评为最佳科主任。史轶蘩对推动协和内分泌学科快速发展的作用在当时大家有目共睹。以临床与基础医学相结合的思路进行内分泌学研究，细分亚专业并推动交叉领域研究，这些思路与刘士豪在20世纪60年代将生物化学与临床紧密结合的建科思路一脉相承。此外，与刘士豪一样，史轶蘩也以重视教学且擅长教学而著称，并能在讲授复杂概念时化繁为简、深入浅出。因此，史轶蘩在承前启后方面发挥着重要作用。

史轶蘩在临床工作中精益求精，力求完美。她做住院医师时写的病历，迄今依然可作为范本。在"文化大革命"时期，史轶蘩作为病房工作的主力医生，虽然经常超负荷的工作，但业务能力得到了锻炼，临床水平不断提高。1970年参加云南医疗队抗震救灾时，史轶蘩在完全缺乏胰岛素供应的情况下将糖尿病酮症酸中毒患者抢救成功，是她临床功力的见证之一。

史轶蘩不但精于内分泌疾病的临床诊治，而且对临床病例的研究和总结也极为擅长。从我国甲状旁腺功能亢进症患者易于合并骨软化，到甲亢危象的诊断标准……史轶蘩对几乎所有亚专业的疾病均有基于病例资料的新观点提出，她对临床内分泌学全面而深刻的理解得到了全国同行的认可。

虽然史轶蘩在青壮年时期并未如北京协和医院前辈一样获得海外精研学术的机会，但她对临床工作的精益求精和对协和学术传统的传承，使其在以后的工作中能够厚积薄发。

临床基础　多科合作

在史轶蘩所传承的协和内分泌传统中，最为突出的实际上是临床与基础相结合的研究思路。她以这一思路为核心所开展的垂体瘤研究，加上多科合作，终于在垂体瘤诊治研究上取得了重要突破，从而一举获得国家科学技术进步奖一等奖。

刘士豪教授在1957年出版了《生物化学与临床医学的联系》一书，在内科学界产生了极大的影响。刘士豪在序言中指出，希望该书能引导生物化学工作者深入临床，临床工作者深入生化，将二者紧密结合起来，向医学进军。刘士豪教授是这样说的，也是身体力行的。他在1958年将生物化学系的激素测定组与内科内分泌组合并，组建了北京协和医院内分泌科，就是力图将这一思路付诸更好的实践。史轶蘩作为他选中的重要成员，必定对这一思想理解极为深入。而这一学术思想，其实与21世纪初提出的转化医学概念一致。因此史轶蘩后来的研究思路也完全与转化医学有异曲同工之妙，她从临床资料上发现生长抑素类似物可以导致胆囊泥沙样结石的不良反应，于是立即与基础医学的研究员一起设计动物试验来证实并探讨其机理所在，并试图通过动物试验来全面寻找解决方案。因此，史轶蘩的理念由刘士豪教授传承而来，在实践中取得了非常满意的研究成果，对我国垂体瘤诊治水平的提高有着不可磨灭的影响。

多科合作也是协和的一大传统。在"老协和"时代，内科大查房就经常将不同专业的教授集中起来讨论患者病情，共同探讨最佳诊治方案。此后逐步发展到一类疾病的探讨和研究，形成了协和多学科合作的传统。史轶蘩牵头的垂体疾病研究同样是通过这一形式进行不断优化的，最终取得了丰硕的成果。并且在这项成果中，各个学科的学术水平均有不同程度的获益；除了内分泌科，眼科的学术进展也十分突出，所取得的学术成果也得到了国际认可，因此多科合作是临床学科发展的一条重要途径。

史轶蘩秉承了临床结合基础的学术思想和多科合作的协和传统组织形式，并在实践中不断优化，可以说是她取得重要成就的原因之一。

锐意进取　开拓创新

史轶蘩的一生，是锐意进取的一生。无论做什么事，只要确定了目标，就一定要做好。史轶蘩的这种倔强性格，决定了她永不满足现状的特点，也在一定程度上培养了她开拓创新的精神。

史轶蘩在上小学时生活在日占区，她的爱国情怀从那时起就相当强烈。为了不经过日军旗帜而向其敬礼，她宁可多走一大段路去上学。幼时的经历，促使她在成年后总是以振兴我国的内分泌事业为己任，要将垂体瘤研究做到国际前沿。沿着既定的道路去做，遇到困难就去解决困难，永不放弃，这是史轶蘩的一贯风格，也是她最终取得重要成就的原因之一。

史轶蘩的求学时代并非十分理想。20世纪二三十年代，北京协和医学院毕业的学生在留校以后如果表现出众，一般工作3—5年均可赴美进修，获得进一步提高。史轶蘩入学已经是1946年，首先在燕京大学理学院学习3年，进入医学院本部已是1949年。至1951年2月，北京协和医学院停止招生，医院只为军队服务，这对医学教学来说是极为不利的。但史轶綮似乎并未受到太多影响，除了晚年有一次提及因当时形势需要，实习阶段改为专科实习以至她十分遗憾未能在妇产科实习的经历。基于当时国际形势，到国外留学基本上已不可能，所幸在协和工作的各位教授们的学识依然是具有国际先进水平的，因此史轶繁凭借其聪明勤奋，加上扎实的临床基本功，及至1958年刘士豪组建内分泌科，史轶繁跟随刘士豪学习的机会大为增加，耳濡目染之下临床和科研水平大大提高。"文化大革命"期间，病房人手紧缺，虽然工作任务繁重，史轶繁依旧用高标准要求自己。同时，史轶繁还努力创新，在20世纪70年代早期引入了α肾上腺能阻滞剂作为嗜铬细胞瘤的术前准备，大大降低了手术风险。

改革开放后，国际交流重新趋于频繁，史轶繁因为年龄超过了50岁而失去了参加出国进修考试的资格，这对从未在考试上失利的史轶繁来说，不啻为一个重大打击。然而她不仅没有气馁，反而更加努力，终于获得了赴美进修的机会。在美国国立卫生研究院，她凭借自己的努力和高超的学术水平赢得了美国同行的尊重，也掌握了垂体疾病相关的前沿诊疗技术与思路。

回国后就任内分泌科主任，是史轶繁学术成就最为辉煌的阶段。她牢牢把握时代节奏，建立了垂体疾病尤其是符合中国人的激素分泌性垂体瘤诊断标准；在此基础上同步推进影像诊断和综合治疗的水平，在十余年内就将中国垂体瘤的临床水平提高到国际前沿，为我国的内分泌学作出了重大贡献。

在这一过程中，史轶繁十分关注与世界高水平接轨。因此，当国际上出现可以使用的药物以后，她总是设法联系相关部门，引入该药进行临床研究，并且力图完全按照国际标准进行。以史轶繁精益求精的风格，临床药理巡查均顺利通过，并积累了非常好的声誉。史轶繁对临床药理领域的理解也在不断实践与学习中达到了国际水平，以至于北京协和医院在1995年任命史轶繁为临床药理中心第一任主任。而我国临床药理领域最早的行业标准和培训教材，相当一部分也是由史轶繁参与制订和编纂的。

无论在何种不利环境条件下史轶繁都在进行学术积累，同时又保持着开拓创新的心态去接触新事物。机遇总是会垂青有准备的人，所以当条件成熟时，史轶蘩自然脱颖而出，最终不但在内分泌领域，而且在临床药理领域作出了开创性的贡献。

国际视野　高瞻远瞩

史轶蘩在改革开放初期出国进修，看到了我国医疗水平与国际的差距，因此她尤为重视学习国际先进水平，与国际一流的学府和医院交流。无论是担任内分泌科主任还是全国行业协会领导，史轶蘩对国际合作和国际交流都是高度重视的。

史轶蘩在美国国立卫生研究院时参加过多次学术交流，又因发言常常一语中的而令人印象深刻，遂结识了不少美国内分泌学家，为回国后的学术交流打下了良好基础。史轶蘩担任北京协和医院内分泌科主任以后，一方面推动年轻医师赴美进修，另一方面不断邀请国外内分泌学家来华进行学术交流，对北京协和医院内分泌及相关学科的发展均有不小的推动。

史轶蘩不仅重视推动国际交流与学习，同时也非常注重适时将自己的学科推介到国际学术平台。1993年，美国内分泌学会主席Wilson教授来华进行学术交流，史轶蘩邀请其到北京协和医院内分泌科参观。Wilson教授惊讶地发现北京协和医院内分泌科居然有这么多的病种，回国后在美国内分泌学会的官方期刊上撰写了一篇特稿介绍北京协和医院内分泌科，有力地促进了北京协和医院内分泌科在国际上的学术交流。对外出交流的青年医师，史轶蘩经常说"你们是代表协和内分泌科出去交流的，不能给协和丢脸，一定要好好准备"。她也曾数次为用英语进行学术汇报的青年医师辅导语言，力图达到更好的交流效果。

在顺利当选中华医学会内分泌学分会主任委员后，史轶蘩不断推动民间国际学术交流。1999年，史轶蘩精心筹备多时的第一届国际华夏内分泌大会在北京顺利召开，为国际华人进行内分泌学术交流提供了一个常规平台，一定程度上促进了国内的学术进展，并在其后很多年都发挥着重要作用。

史轶蘩的国际视野在她的学术生涯中起着重要作用。对于肥胖的研究，实际上史轶蘩早在1980年就有所涉猎并发表了一篇极为精练的综述，当时中国还处于定量供应粮食的状态。尽管她一直将工作重点放在垂体瘤研究方面，但她仍在长期关注这一领域。到20世纪90年代后期，我国经济发展达到一定阶段时，史轶蘩全面学习了肥胖领域的国际前沿进展，便在北京协和医院内分泌开设了肥胖专病门诊并向全社会呼吁预防肥胖的重要性，她还积极参与了第一部有关肥胖的指南及专家共识的制订。这些举动在今天看来都是特别有前瞻性的。

循循善诱　诲人不倦

史轶蘩在教学上的口碑极为出色，她所讲授的内分泌总论其实是非常枯燥而且难以理解的，但她每次都能讲得清晰明了且生动有趣，令人记忆深刻。史轶蘩的教学能力，一方面是因为她自身天分极高，另一方面也与协和内分泌科高度重视教学的传统有着直接关系。

在中学时代，史轶蘩经常帮妹妹辅导功课，而在担任住院医师期间，史轶蘩的床边教学就已经让医学生们钦佩。由此可见，从年轻时史轶蘩的教学意识和教学能力就在同时期医师中属于上乘了。

北京协和医院内分泌科素有高度重视教学的风气。协和内科第4任主任、荷兰籍教授斯乃博（I. Snapper）对于床边医学和床边教学特别重视，曾经被冠以"床边医学的大师"称号。斯乃博的授课极为精彩，在内科师生中的名气极大。刘士豪恰恰是斯乃博十分欣赏的协和毕业生，很大程度上也受到斯乃博影响，教学水平也是闻名遐迩。据史轶蘩的同学张之南回忆，刘士豪的讲座一向是座无虚席，走廊上都挤满了人。内分泌科成立后，每周都有科内小讲课，许多课由刘士豪主讲，让许多学员记忆犹新。史轶蘩在这种教学氛围极为浓厚的集体中进一步发挥了善于教学的特长，也成为一代名师。她一直为医学生和研究生讲授内分泌学总论，2007年她行走不便但依然坚持亲自授课，其高屋建瓴的思路让人赞叹不已。

不仅如此，史轶蘩对手下的主治医师与住院医师的教学能力均要求很高。她去病房查房时，经常突然袭击式地向实习大夫提问，以此来判断住院医师和主治医师进行病房教学的效果和态度。史轶蘩不仅在教学上身体力行，还将教学作为全科工作人员的必备能力和任务。史轶蘩对于教学的重视和独特考核方式推动了内分泌科临床教学的经久不衰。

与其他学科的院士们不同，临床医学的院士在科研和教学之外，更日常的工作是做临床医疗服务，缓解患者的病痛问题。史轶蘩院士因时代关系，更是长年专注于北京协和医院的临床工作之中，年过半百之后才开始出国进修学科前沿的科学技术。她回国后用10年时间将垂体瘤的诊治水平提高到了国际先进水平，可以说几乎做到了极致，并获得国家科学技术进步奖一等奖，这在临床医学领域相当少见。究其原因，史轶蘩天资聪颖自然是原因之一，而刘士豪教授的言传身教和协和内分泌科优良的学术传统也为史轶蘩的学术成长打下了坚实的基础。一旦获得学习机会，史轶蘩便得以充分发挥其学术才华；到了领导岗位以后，又发挥其组织能力整合了多科合作的优势，从而获得突破并取得相应创新成果。同时，史轶蘩对临床教学的高度重视、对推动全国学术水平的努力和对国际交流的成功尝试，都有效地推动了我国内分泌领域的学科发展。

纵观史轶蘩院士一生，追求卓越的精神、超强的学习和组织能力、临床结合基础的学术理念和抓住机遇的敏锐性，是她取得成功的重要保证。

附录一　史轶蘩年表

1928年
11月1日出生于广东省江门市。籍贯江苏省溧阳县，史氏为当地望族。父亲史恩灏长期在海关工作。母亲狄福珊，江苏金坛人。兄史轶寅于1926年出生，姐史轶漪于1927年出生。

1931年
妹史轶芳出生。

1933年
9月，就读于上海市安乐幼稚园。
弟史轶才出生。

1934年
6月30日，在上海市乐安幼稚园毕业。
9月，就读于天津志达小学初小。

1938年
因日军全面侵华，全家迁至青岛。

9月，转学至青岛江苏路小学读五年级。

1939年
9月，转学至青岛圣功女子小学读六年级。

1940年
7月，在青岛圣功女子小学高级部修业期满毕业。

9月，就读于山东省青岛市私立圣功女子中学。

1946年
春，考入私立北平协和医学院。

6月，在青岛圣功女子中学高中部修业期满毕业。

9月，就读于北平私立燕京大学理学院医预系。

1949年
9月，进入私立北平协和医学院医本部学习。

1950年
7月2日，在私立燕京大学理学院毕业，获学士学位。

7月或8月，与张之南、孙瑞龙、刘丽笙一起被授予"金钥匙"奖。

1952年
5月，参加中苏友好协会。

9月28日，加入新民主主义青年团，介绍人游国雄。后曾担任小组长、宣教委员等团内职务。

1953年
8月，进入北京协和医院内科实习，导师为血液病学专家张安。

1954年

7月，毕业于北京协和医学院，与张之南、孙瑞龙一起获"优等生"称号。

8月，进入北京协和医院内科工作，任住院医师。

1955年

7月，与徐锡权结婚。

参加内科传染组流行性脑膜炎的研究，与张学德、王诗恒、李邦琦、刘继昌、黄大显、孙瑞龙、林友华等合作的论文《流行性脑膜炎的治疗》发表在《中华内科杂志》第3期上。

1956年

内分泌专业组从胃肠专业组独立，跟随刘士豪教授进入内分泌专业组工作。

3月，长子徐石出生。

1957年

春，被评为"优秀团员"。

参加甲状腺功能亢进症病例分析，与吴振亚、罗慰慈合作发表第一篇内分泌学论文《甲状腺功能亢进228例报道》，并刊登在1957年《中华内科杂志》第5期上。

4月，女徐谊出生。

12月，任内科代理主治医师，并正式进入3月成立的内分泌病室工作。

1958年

3月，参加由军事医学科学院举办的同位素培训班，培训1个月。

7月，北京协和医院内分泌科正式组建，刘士豪任主任，史轶蘩任内分泌科代理主治医师。

8月，因内分泌科按上级要求迁往北京医院，拟成立内分泌研究所；

遂迁至北京医院工作。

1959年

2月，因上级要求北京医院改建为干部医院，随内分泌科迁回北京协和医院内科，重新作为内科专业组编制存在。任内科内分泌组代理主治医师。

8月，因超龄退出共青团。

1960年

7月，次子徐凡出生。

以第一作者发表的第一篇论文《肝硬变与肾上腺皮质的关系》刊登在《中华内科杂志》第8期上。

1964年

2月，晋升为内分泌科主治医师。

4月，撰文论述苯乙双胍对糖尿病的短期疗效，在国内首先报道了苯乙双胍。

6月，中华医学会在广州召开第一届全国内分泌代谢及肾脏病学术会议，刘士豪作重要报告。史轶蘩以第一作者发表的3篇论文被会议收录，但未能参会。

7月，以第一作者发表第一篇综述《口服降糖药物——双胍类》刊登在《中华内科杂志》第12期上。

参加刘士豪组织的首钢糖尿病调查研究，这项研究开我国糖尿病流行病学研究之先河。史轶蘩在其中负责临床资料采集工作。

1966年

5月"文化大革命"开始，医院的医疗秩序全部被打乱，史轶蘩任主治医师，轮流在内科和内分泌科病房与门诊工作。

1970年

1月5日，云南通海发生大地震，史轶蘩作为医疗队的一员抵达灾区抢救伤员，在当时没有任何胰岛素制剂的情况下仅凭借输液手段将酮症酸中毒患者抢救成功。

1971年

长子徐石参军。

1973年

完成国内首个用酚苄明行嗜铬细胞瘤术前准备的病例，大大提高了嗜铬细胞瘤的术后生存率。

1976年

《急诊手册》出版，其中"糖尿病酮症酸中毒的处理"一章由史轶蘩编写。

1978年

指导第一个硕士研究生，课题为"血清生长激素刺激试验对垂体侏儒的诊断价值"。

获首都医院"先进工作者"称号。

1979年

晋升为北京协和医院内分泌科副研究员。

建议内分泌科分组，意见得到采纳。

担任内分泌科垂体组组长，此后逐渐发展为垂体瘤协作组组长，带领内分泌科与神经外科、耳鼻喉科、眼科、病理科、麻醉科、放射科、放疗科、信息中心9个专业学科协作。

12月，山德士公司联系史轶蘩，并免费提供溴隐亭用于治疗垂体泌乳素瘤，这是我国最早的垂体瘤的药物治疗。

1980年

在《中级医刊》发表综述《肥胖》，超前预见了肥胖的流行和对社会的影响。

使用山德士公司提供的溴隐亭在 26 例女性泌乳素瘤和 5 例男性泌乳素瘤患者中开展临床研究，观察其对该疾病的治疗作用，于 1986 年、1990 年发表 4 篇相关论文，史轶蘩担任该项目负责人。

1981年

1 月 7 日，作为访问学者赴美国国立卫生研究院儿童健康与人类发育研究所进修，导师为 Sherins。主要从事垂体与性腺基础与临床方面的研究，为回国后全面推进内分泌学的发展打下基础。

3 月 1 日，被卫生部聘为卫生部医学科学委员会内分泌专题委员会委员。

作为临床工作负责人的科研项目"人血清生长激素放射免疫测定及临床应用"获卫生部医药科学技术进步奖二等奖。

加入中华医学会。

1982年

朱宪彝主编的《内科讲座——内分泌代谢分册》由人民卫生出版社出版，其中"生长激素和垂体侏儒"一章由史轶蘩编写。

12 月，结束在美国国立卫生研究院的工作回国。

1983年

3 月，担任北京协和医院内分泌科主任。

使用人绒毛膜促性腺激素在 20 例低促性腺激素性男性性功能低减患者中开展临床研究观察其对于该疾病的治疗作用，于 1987 年发表相关论文，史轶蘩担任该项目负责人。

获北京协和医院"先进工作者"称号。

1984年

1月，所牵头的科技成果"垂体生长激素瘤的早期诊断及病情活动性的判断"获院校级表彰。

9月15日，被中国医学科学院首都医院聘为该院第三届学术委员会正式委员，任期三年。

12月，中华医学会聘为《中华内科杂志》编辑委员会委员。

1985年

1月，启动中国科学院科学基金资助课题"垂体前叶细胞瘤发病机制的研究"（1985年1月—1989年12月）。

3月，启动教育部博士点课题"中枢神经递质对垂体瘤激素分泌的影响"（1985年3月—1987年12月）。

3—7月，再次作为访问学者赴美国国立卫生研究院工作。

10月，中华医学会内分泌学分会第二次全国内分泌学术会议在武汉东湖召开，当选为中华医学会内分泌学分会副主任委员。该次会议成立了7个学组，史轶蘩任垂体组组长。大会有7篇论文为垂体方面研究的，史轶蘩、邓洁英和金自孟代表北京协和医院内分泌科垂体组的论文占其中5篇。

10月，应日本振兴学会邀请赴日进行为期15天的访问。

10月12日，被聘为中华医学会《中华医学杂志（英文版）》编辑委员会委员。

11月25日，被聘为中国人民解放军总医院内分泌科技顾问。

12月，晋升为内分泌科教授。

12月14日，被聘为中国医学科学院、中国协和医科大学研究员。

12月18日，被聘为中华医学会《中华内分泌代谢杂志》编辑委员会委员。

科研项目"原发性甲状旁腺功能亢进的临床研究"获医学科学院院校级表彰。

科研项目"垂体新肽N-POMC的临床研究"获医学科学院院校级表彰。

使用甲基睾酮、丙酸睾酮、庚酸睾酮和复合睾酮在低促性腺激素性男性性功能低减和克兰菲特综合征患者中开展临床研究，观察其对于相关疾病的治疗作用，于1989年发表2篇相关论文，史轶蘩担任该项目负责人。

《急诊临床》由人民卫生出版社出版，其中"糖尿病急诊——第一节酮症酸中毒"和"甲状腺功能亢进症危象"由史轶蘩编写。"产后脑垂体前叶功能减退症"由金自孟和史轶蘩共同编写（P393-398）。

1986年

中国医学科学院内分泌研究中心成立，史轶蘩兼任主任，白耀、周学瀛兼任副主任。

1月，启动自然科学基金"垂体前叶激素与维生素D代谢的影响"（1986年1月—1990年12月）。

4月，在美国国立卫生研究院期间有关雄性大鼠垂体-性腺轴国内研究的部分工作发表。

4月7日，论文《溴隐亭治疗垂体泌乳素瘤和肢端肥大症》获中华医学会北京分会优秀论文。

6月，与李光伟合作，发表《垂体卒中》系列论文3篇。史轶蘩在垂体瘤研究中的重要贡献之一就是将垂体卒中进一步分类成完全破坏和部分破坏，并提出了各自相应的处理原则。

6月17日，应卫生部临床验证需要，瑞典Kabi公司提供第一代重组人生长激素（Somatonorm），于1987年1月起在9例特发性生长激素缺乏症患者中开展临床研究，观察其对于该疾病的治疗作用，此后于1988年、1989年、1990年和1991年发表4篇相关论文，史轶蘩担任该项目负责人。

7月10日，经卫生部药政局批准，使用瑞士山德士公司提供的长效生长抑素类似物SMS 201-995在肢端肥大症患者和正常人中开展临床研究，观察其对于肢端肥大症的治疗作用，垂体组在史轶蘩的带领下于1987年1月正式开始相关工作，并于1990年至1994年发表9篇相关论文。

7月，在河北省秦皇岛市主持中华医学会内分泌学会第二期全国内分泌讲习班。

9月，获"教书育人先进工作者"荣誉证书。

10月8—11日，赴瑞典斯德哥尔摩参加"重组人生长激素临床研究进展"国际会议。

担任博士研究生导师。

1987年

1月，启动教育部博士点课题"生理和病理情况下生长激素功能的研究"（1987年1月—1989年12月）。

2月，被北京协和医院聘为内分泌科主任（任期2年）。

5月，在河北省石家庄主持中华医学会内分泌学会男性学组"男性学"学习班。

9月17日，被北京协和医院聘为该院第四届学术委员会正式委员（任期3年）。

9月18—19日，赴德国汉诺威参加"生长激素释放激素，从生理学到临床应用"讲习班，并作题为《生长抑素效应减弱可提高血浆生长激素对生长激素释放激素的反应》的报告。

10月，赴法国巴黎和里昂，在中法医学日会议上作报告。

1988年

1月14日，经卫生部药政局批准，使用德国Bissendorf公司的生长激素释放激素GHRH 1-44（Somatobiss）在15例特发性生长激素缺乏症患者中开展临床研究，观察其对于该疾病的治疗作用，于1990年发表相关论文，史轶蘩担任该项目负责人。

1月，启动卫生部基金"生长激素缺乏症的诊断和治疗"（1988年1月—1990年12月）。

1月，启动医学科学院重点课题"功能性垂体瘤的诊断和治疗"（1988年1月—1990年12月）。

4月，在重庆参加中华医学会内分泌学会"内分泌新技术、新进展学术交流会"，担任会议主席。

5月18日，被聘为卫生部办公厅医疗卫生技术鉴定咨询专家。

5月22日，被聘为国家自然科学基金委员会第二届学科评审组成员（任期2年）。

5月27日，获"1988年度经卫生部批准的有杰出贡献的中青年专家"称号。

6月，课题"性发育时期的性激素改变"获北京市科学技术进步奖三等奖。

6月，论文《男性低促性腺激素性性功能减退症对绒毛膜促性腺激素的长期疗效》获中华医学会北京分会优秀论文奖。

7月17—23日，赴日本东京参加第8届国际内分泌学大会，于22日下午与Prof.Rees做共同主席主持"内分泌性高血压"会议。

7月30日，被聘为中华医学会医学名词审定委员会内分泌学名词审定组组员。

9月17日，被聘为沈阳医学院附属中心医院内分泌科技顾问。

10月，在青岛参加《中华内科杂志》举办的内分泌新药座谈会。

11月1—4日，赴日本静冈市参加第7届胃肠激素国际研讨会，并于2日下午担任会议主席。

11月6—8日，在北京参加"国际脑肠肽会议"，并于8日下午与Tohn H. Walsh，M.D.和Johannes Myren，M.D.共同主持会议。

内分泌实验室经评审成为卫生部内分泌重点实验室，是我国内分泌学界第一个卫生部重点实验室，兼任重点实验室主任。

应卫生部验证需要，使用瑞典Kabi公司的第三代基因重组人生长激素Genotropin在59例特发性生长激素缺乏症患者中开展为时1年的临床研究，观察其对于该疾病的治疗作用，于1990年发表相关论文，史轶蘩担任该项目负责人。

经卫生部药政局批准，使用瑞士山德士公司的CV205-502（Norprolao）在17例垂体泌乳素患者中开展临床研究，观察其对于该疾病的治疗作用，史轶蘩担任该项目负责人。

与白耀、周学瀛共同主编的《内分泌学讲义》获中国协和医科大学优秀教材奖。

1989年

1月1日，方圻主编的《内科临床与进展》由中国医药科技出版社出版，其中第23章"内分泌学基础"由史轶蘩撰写。

2月22—25日，赴德国卡尔斯鲁厄参加"德国内分泌学会第33届研讨会"，并作题为《特发性生长激素缺乏症儿童每日注射生长激素释放激素后的生长激素反应》的会议发言，参与题为"生长激素释放激素与生长激素治疗"的圆桌讨论。

3月14—15日，在广州参加第一届全国溴隐亭（瑞士山德士药厂）研讨会。

4月4日，被卫生部药政管理局聘为卫生部第二届药品评审委员会委员。

6月，赴美国西雅图参加"美国内分泌学会第71届年会"。

8月，在乌鲁木齐参加中华医学会内分泌学会垂体学组及肾上腺学组召开的全国垂体肾上腺学术会议，担任会议主席。

8月24日，被聘为中国医学科学院、中国协和医科大学院校第三届学术委员会临床药理专题委员会委员。

12月11日，作为第一负责人的科技成果"男性内分泌性功能减退症的临床研究"获卫生部医药科学技术进步奖三等奖。

使用瑞典Kabi公司的第三代基因重组人生长激素Genotropin在10例特纳综合征患者中展开为时2年的临床研究，观察其对于该疾病的治疗作用，史轶蘩担任该项目负责人。

使用浙江仙居药厂生产的十一酸睾酮在13例克兰菲特综合征患者中展开临床研究，观察其对于该疾病的治疗作用，史轶蘩担任该项目负责人。

被聘为《中华内科杂志》第五届编辑委员会委员。

1990年

1月，参与自然科学基金"垂体生长激素分泌瘤的细胞内调控"。

3月，被聘为国家自然科学基金委员会第三届生理学与病理学科评审组成员（任期2年）。

3月29日，被聘为《中华医学杂志（英文版）》第三届编委会编委（任期3年）。

3月30日—4月4日，访问瑞典凯比维屈拉姆（Kabivitrum Peptide）制药公司并作报告《对生长激素缺乏症的临床研究》。

4月4—8日，赴英国爱丁堡参加第9届生长及生长疾病国际会议。

4月27日，被中国大百科全书出版社聘为中国大百科全书现代医学卷内分泌分支学科主编。

6月，有关长效生长抑素对肢端肥大症患者的临床和生化影响的论文发表于国际期刊上，首先发现生长抑素对胆囊收缩的抑制作用是垂体瘤内科治疗中的一个重要发现。

对基因重组人生长激素在中国生长激素缺乏症患者的临床试验结果发表（Shi YF, Bao XL, Wang DF, Chen RG, Chun Y. Treatment of growth hormone deficient patients with recombinant somatropin for 1 year: results of a Chinese multicentre trial. Acta Paediatr Scand Suppl. 1990, 370: 212-215.）。

课题"特发性生长激素缺乏症的临床研究"获卫生部医药科学技术进步奖二等奖。

10月，在南京召开中华医学会内分泌学分会第3届全国学术大会，当选为中华医学会内分泌学分会副主任委员。

10月，被聘为《中华内分泌代谢杂志》副总编。

12月，被聘为《中华内科杂志》第六届编辑委员会委员及内分泌编审组组长。

12月9—14日，赴印度尼西亚雅加达参加第9届亚太内分泌大会，并作题为"不同剂量GHRH 1-44治疗下丘脑性特发性生长激素缺乏症的临床研究"的会议发言。

1991年

1月2日，被聘为《基础医学与临床》编委会临床特约编委。

1月14日—2月13日，赴美国得克萨斯大学作题为《生长抑素类似物治疗肢端肥大症》的报告。

2月，被聘为中华医学会中日医药协会理事。

3月，被聘为北京协和医院内分泌科主任（任期2年）。

5月，在上海参加中日甲状腺会议并作报告。

7月，被聘为人民军医出版社《现代内科学》副主编。

7月，被聘为《中国新药杂志》第一届编委会委员。

10月1日，获国务院证书，被批准享受国务院颁发的政府特殊津贴。

11月5—7日，赴日本参加国际骨质疏松会议。

11月，作为第一负责人的科技成果"特发性生长激素缺乏症的临床研究"获国家科学技术进步奖三等奖。

作为第一负责人的科技成果"激素分泌性垂体瘤的临床及基础研究"获卫生部医药科学技术进步奖一等奖。

1992年

1月，有关小剂量奥曲肽对正常中国人胆囊收缩功能的影响的研究发表在国际期刊上。

作为第一负责人的科技成果"激素分泌性垂体瘤的临床及基础研究"获国家科学技术进步奖一等奖。这是我国内分泌学界获得的第一个国家科学技术进步奖一等奖。

4月29日—5月3日，在安徽黄山参加第一届华东地区内分泌学术会议并作专题报告《垂体GH分泌瘤的诊治》。

5月7日，在苏州参加第三届全国神经内分泌会议并作大会报告《生长抑素类似物Octreotide治疗国人肢端肥大症长期疗效和副作用的前瞻性研究，以胆囊功能的副反应为主》。

7月，被聘为中国医学科学院、中国协和医科大学院校研究员（任期3年）。

8月，被聘为卫生部第三届药品评审委员会委员。

8月29日—9月5日，赴法国尼斯参加第9届国际内分泌大会。

10月，赴香港作《SMS-201治疗肢端肥大症》的相关报告。

10月17日，被卫生部放射免疫药盒整顿办公室聘为卫生部放射免疫药盒整顿临时审评专家组成员。

10月25—31日，赴澳大利亚悉尼参加"南太平洋地区国际生长发育会议"。

11月1—3日，在北京中日医学大会内分泌大会上作大会报告《生长抑素类似物（奥曲肽）长期治疗对胆囊的疗效与副作用的前瞻性研究，以肢端肥大症患者胆囊功能的不良反应为重点》。

12月，作为科主任获北京协和医院"优秀管理奖"。

12月19日，论文《生长抑素激动剂 SMS201-995 治疗肢端肥大症引起胆囊结石的前瞻性研究》获优秀论文奖。

1993年

1月15日，赴菲律宾马尼拉作报告《饮食模式与超重：从临床现状到治疗方法》。

1月，因在1992年管理工作中成绩突出，被北京协和医院授予优秀管理奖。

1月，被北京市总工会评为"爱国立功标兵"。

1月，有关生长抑素对胆囊收缩影响的研究在国际权威性内分泌期刊上发表。

3月24日，被聘为卫生部第二届医疗卫生技术鉴定咨询专家（任期4年）。

4月23日，被聘为北京协和医院内分泌科主任（任期2年）。

4月26日，被北京市总工会授予"首都劳动奖章"。

5月8—10日，担任第5届国防男性学会议北京男性学卫星会议主席，并作报告《特发性生长激素缺乏症患者的青春发育和性腺功能评估》。

5月10日，被聘为北京协和医院第六届学术委员会副主任委员。

6月9—12日，参加美国医学会内分泌学会第75届年会。

6月13—15日，参加第三届国际垂体会议，并作题为《第二信使系统与垂体生长激素腺瘤发病机制的关系》及《奥曲肽对中国肢端肥大症患者胆汁动态排泄的影响——通过锝[^{99m}Tc]依替菲宁肝胆显像评估》的汇报。

6月29日，被聘为中国医学科学院、中国协和医科大学院校第九届学术委员会委员。

9月，有关肢端肥大症患者在长效奥曲肽治疗后出现的胆囊收缩作用在停药后恢复状况研究的文章在国际上发表。

9月6—9日，参加欧洲糖尿病研究会第29届年会。

10月，在湖南大庸召开中华医学会内分泌学分会第4届全国大会上当选为第四届主任委员。在全国激素测定新进展及临床应用研讨会上致开幕词并担任会议主席。

10月，被聘为中华内分泌学会主任委员。

10月，应卫生部临床验证需要，使用瑞典Ferrin公司生产的去氨加压素Minirin（口服片）在10例尿崩症患者中开展临床研究，观察其对于该疾病的治疗作用，史轶蘩担任该项目负责人。

10月23日，被聘为《国外医学》（内分泌学分册）编委会顾问。

10月23—26日，在湖南大庸第9届全国内分泌学术会议上作报告《激素分泌型垂体瘤的发病机制》。

11月3日，论文《正常成人及肢端肥大症患者的生长激素谱测定》获中华医学会北京分会优秀论文奖。

11月11日，被聘为中国协和医科大学临床学院教研室主任（任期2年）。

12月，因在编纂出版《中国大百科全书》工作中作出重要贡献，获新闻出版署颁发的荣誉证书。

12月27日，被中国医学科学院、中国协和医科大学授予名医称号。

接受世界卫生组织（WHO）的任务，使用20AET-1（Acting ester of testosterone）在8例男性性功能低减患者中开展临床研究，观察其对于该疾病的治疗作用，史轶蘩担任该项目负责人。

1994年

2月，有关用核医学技术研究奥曲肽作用下胆汁的动力学变化的论文发表在国际期刊上。

4月8—9日，赴法国巴黎参加诺和诺德（Novo Nordisk）公司第5届生长激素研讨会。

4月11—14日，赴瑞典斯德哥尔摩访问瑞典凯比维屈拉姆（Kabivitrum Peptide）制药公司。

4月15—16日，赴西班牙巴塞罗那参加第17届生长与生长障碍国际研讨会，并作题为《1项为期6个月的Genotropin 36IU治疗青春期前生长激素缺乏症儿童的疗效研究》的报告。

5月1日，被聘为中国首届新特药临床引用暨发展研讨会组委会委员。

10月，获"王丹萍科学奖金提名奖"。

10月9—12日，在中国首届新特药临床应用暨发展研讨会上作内分泌研究紧张相关报告。

10月31日—11月3日，在北京参加第10届亚太内分泌会议，并作大会报告《生长激素分泌性垂体瘤的临床研究》。

12月，获北京协和医院最佳科主任称号。

参与自然科学基金"淋巴细胞免疫反应性生长激素基因的克隆及序列分析"（1994—1996年）。

参与卫生部基金"垂体生长激素分泌瘤Gs蛋白基因突变与临床特征的研究"（1994—1996年）。

应卫生部临床验证需要，使用意大利Eli Lilly公司的重组人生长激素Humatrope在20例生长激素缺乏症患者中开展临床研究，观察其对于该疾病的治疗作用，史轶蘩担任该项目负责人。

获"北京市劳动模范"称号。

1995年

4月，获"北京市先进工作者"称号。

7月20日，项目"维生素D的临床和实验研究"获卫生部医药科学技术进步奖二等奖。

8月，北京协和医院临床药理研究中心成立，担任主任。

8月26—30日，在辽宁省丹东市参加中华医学会内分泌学会第一届全国甲状腺专题学术会议，作题为《T3自身抗体的存在干扰游离T4的测定》的报告。

9月，北京市高等教育局、中国教育工会北京市委员会颁发奖状，表彰史轶蘩为教育事业辛勤工作三十年。

9月，论文《科室的管理工作》在北京协和医院、泰安市中心医院第一次医院管理与思想政治工作研讨会上被评为优秀论文。

11月3日，在中华医学会成立八十周年纪念活动上被推选为学会活动积极分子。

11月9—15日，赴香港作题为《生长激素腺瘤的临床研究》的大会报告。

12月6—9日，赴菲律宾马尼拉参加东盟内分泌学会第8届联合大会。

启动临床研究"十一酸睾酮的药代动力学研究和临床应用"，并于1999年发表相关论文。

参与中国药物临床试验管理规范的起草工作。

1996年

4月，"激素分泌性垂体瘤的临床及基础研究"被评为"八五"期间优秀科学技术成果，编入《中国"八五"科学技术成果选》一书。

4月15—16日，在天津参加华北东北内分泌会议并作题为《促生长激素分泌剂》的大会报告。

4月18—20日，在北京参加第一届中日韩甲状腺会议并作病例讨论。

4月30日—5月6日，赴美国印第安纳波利斯参加全球医学会议。

5月22日—6月21日，赴美国、加拿大参加药物临床试验管理规范培训。

6月12日—15日，在美国旧金山参加国际内分泌会议，并作题为《人外周淋巴细胞中免疫反应性生长激素cDNA的克隆和测序》的报告。

9月5—9日，赴日本神户在亚太生长激素研究和治疗研讨会上作题为《hGH-N基因缺陷在生长激素缺乏症发病机制中的作用》的发言。

9月19—24日，在上海参加全国代谢性骨病学术研讨会。

11月，获"1996年度光华科技基金奖一等奖"证书。

启动临床研究"重组人生长激素在治疗青春期生长激素缺乏症中的应用"，于1999年发表相关论文。

不再担任北京协和医院内分泌科主任。

被聘为《中华内科杂志》副主编。

当选为中国工程院院士，是我国内分泌学界第一位院士。

获何梁何利基金科学与技术进步奖。

1997年

6月，由方圻主编、史轶蘩担任副主编之一的《现代内科学》获第八届国家优秀科技图书一等奖。

8月，《现代内科学》获卫生部医药科学技术进步奖二等奖。

8月，所参加的科研项目"内皮素与心肌缺血及高血压的基础和临床研究"获卫生部医药科学技术进步奖一等奖。

9月1—5日，在吉林省长春市参加卫生部继续教育司会议并作题为《生长激素缺乏症的诊断和治疗》的报告。

10月，被聘为《中华内分泌代谢杂志》主编。

10月17—21日，在杭州召开中华医学会内分泌学分会第五次全国学术会议，经换届选举再次当选为中华医学会内分泌学分会主任委员，并作题为《生长激素缺乏性身材矮小的病因研究及其治疗》的大会报告。

10月30日，在北京劳动人民文化宫北京药学会会议上作题为《内分泌新药研究进展》的报告。

11月20—21日，在上海Pharmacia和Upjohn药厂讲解"北京协和医院如何实施GCP的临床试验"。

12月3—6日，赴新加坡参加东盟内分泌学第9届联合大会。

1998年

1月，参与自然科学基金"人生长激素与淋巴细胞相互作用分子机制的研究"（1998年1月—2000年12月）。

1月20日，项目"长效雄激素类新药——十一酸睾酮注射液的推广应用"获国家教育委员会颁发的三等奖（第9完成人）证书。

4月12—16日，赴韩国首尔参加第11届亚洲-大洋洲内分泌学大会（AOCE）。

5月8—13日，赴西班牙塞维利亚参加第9届欧洲内分泌学大会。

6月15日，被聘为《中华内科杂志》第七届副总编及内分泌编辑组组长。

8月29日—9月3日，赴法国巴黎参加第8届国际肥胖大会。

9月26—27日，赴香港参加生长激素类似物国际会议，并作大会报告《奥曲肽治疗中国肢端肥大症患者》。

9月27日，在香港大学内分泌及糖尿病研究中心成立大会上发言。

10月25—27日，在香港出席亚洲临床试验大会，作题为《北京协和医院的临床试验》的大会报告，并获得1998年度"科学项目杰出贡献奖"。

12月，合著论文《成年男性性腺功能减退症400例的病因构成》被《生殖医学》杂志编委会评为"1996—1997年度优秀论文"。

12月，参与卫生部基金"中国青少年正常青春发育及障碍的基础和临床研究"（1998年12月—2000年12月）。

不再担任临床药理研究中心主任。

1999年

4月11日，当选中华医学会第二十二届理事会理事，任期一届。

5月，专著《协和内分泌和代谢学》由科学出版社出版，史轶蘩担任主编，王姮、吴从愿任副主编。该书出版以后影响力极大，是国内第一部全面系统介绍现代内分泌学前沿的专著，并结合了北京协和医院的临床经验和研究成果，成为全国内分泌科临床医生的重要参考书。

5月，赴意大利参加欧洲肥胖症会议。

6月9—13日，赴美国圣安东尼奥参加美国糖尿病学会议。

7月，成为奥利司他（赛尼可）和西布曲明（诺美亭）在中国进行临床Ⅲ期试验的主要研究者。此后开始将主要研究方向转向肥胖。

8月27日—9月5日，赴西班牙巴塞罗那参加欧洲心脏病学年会。

10月14日，发表于《祝您健康》杂志1999年第3期的《影响孩子身高的因素有哪些》一文荣获第十一届全国十佳科普期刊优秀作品一等奖。

10月17日—20日，在北京五洲大酒店召开第一届国际华夏内分泌大会。史轶蘩是主要倡议者和组织者。

12月，由方圻主编、史轶蘩担任副主编之一的《现代内科学》获国家科学技术进步奖二等奖。

和大庆油田总医院合作，进行青春期发育的纵横结合的临床流行病学研究。

2000年

4月9—11日，赴美国圣地亚哥参加第五届人用药品注册技术规定国际协调会议（ICH）。

4月，在《中华内科杂志》发表有关肥胖的述评，呼吁学术界重视肥胖的研究。

5月，在《中华内分泌代谢杂志》发表有关青春期发育的述评，呼吁内分泌学术界重视青春期发育的临床研究。

10月5—10日，赴美国墨西哥城参加国际糖尿病联盟（IDF）会议。

2001年

1月，参与北京协和医院重点课题"中国青少年正常青春发育及障碍的基础和临床研究"（2000年1月—2002年1月）。

1月，主编的《肥胖症临床诊治手册》由上海科学技术出版社出版。

3月，担任北京协和医院临床药理研究中心顾问。

4月14—18日，在心脑血管疾病多重危险因素国际会议上作肥胖与心脏相关报告。

4月21—23日，在上海参加APPEC（Asian Pacific Paediatric Endocrinology Society）会议并作生长激素缺乏症相关大会报告。

9月，不再担任中华医学会内分泌学分会主任委员，任荣誉主任委员。

12月10日，获中华医学会颁发的表彰状。

被聘为《中华内科杂志》顾问及内分泌编审组组长之一。

被聘为《中华内分泌代谢杂志》主编。

2002年

1月12日，论文《国产重组人生长激素治疗特发性生长激素缺乏症的疗效》被评为"《中国新药杂志》2000年度优秀论文"。

启动北京协和医院基金"肥胖及慢性并发症的发生及遗传的研究"。

2003年

1月，教育部博士点课题"糖、脂调节激素对肥胖症糖尿病发展和逆转及小鼠前脂肪细胞增殖分化的作用"启动，史轶蘩为负责人，朱惠娟具体实施。

5月，国家级科技部"863"课题"基于化学基因组学的减肥天然活性成分筛选模型的建立与应用"启动，史轶蘩为负责人。

11月，应江门市政府邀请，赴江门参加中国侨乡旅游节的院士路奠基活动，并按了手模，同时受聘为江门市人民政府科技顾问。

2004年

8月1日，为表彰其对科学出版社作出的突出贡献，被特颁发"知名作者奖"。

2005年

1月，教育部博士点课题"肥胖相关激素对人脂肪细胞中脂肪酸合成酶基因表达的影响及其机制的研究"启动，史轶蘩为负责人。

12月，在《糖尿病医学》上发表奥利司他在中国临床试验的结果。

2007年

5月，卫生部内分泌重点实验室通过卫生部评估验收。在住院期间仍然指导了部分工作。

2008年
12月,获北京协和医院"杰出贡献奖"。

2009年
9月,获中华医学会内分泌学分会"终身成就奖"。

2013年
2月13日,因病于北京协和医院逝世。

附录二　史轶蘩主要论著目录

英文论著

［1］Shi YF, Sherins RJ, Brightwell D, et al. Long-term stability of aqueous solutions of luteinizing hormone-releasing hormone assessed by an in vitro bioassay and liquid chromatography［J］. J Pharm Sci. 1984 Jun, 73（6）: 819-821.

［2］Shi YF, Patterson AP, Sherins RJ. Increased plasma and pituitary prolactin concentrations in adult male rats with selective elevation of FSH levels may be explained by reduced testosterone and increased estradiol production［J］. J Androl. 1986 Mar-Apr, 7（2）: 105-111.

［3］Shi YF, Harris AG, Zhu XF, et al. Clinical and biochemical effects of incremental doses of the long-acting somatostatin analogue SMS 201-995 in ten acromegalic patients［J］. Clin Endocrinol（Oxf）. 1990 Jun, 32（6）: 695-705.

［4］Shi YF, Bao XL, Wang DF, et al. Treatment of growth hormone deficient patients with recombinant somatropin for 1 year: results of a Chinese multicentre trial［J］. Acta Paediatr Scand Suppl. 1990, 370: 212-215.

［5］Zhu XF, Shi YF, Qin Dai, et al. Effect of small doses of somatostatin analog, octreotide, on gallbladder contractility in normal Chinese adults

[J]. Dig Dis Sci. 1992 Jan, 37（1）: 105-108.

[6] Y F Shi, X F Zhu, A G Harris, et al. Prospective study of the long-term effects of somatostatin analog（octreotide）on gallbladder function and gallstone formation in Chinese acromegalic patients [J]. J Clin Endocrinol Metab 1993 Jan, 76（1）: 32-37.

[7] Shi YF, Zhu XF, Harris AG, et al. Restoration of gallbladder contractility after withdrawal of long-term octreotide therapy in acromegalic patients [J]. Acta Endocrinol（Copenh）. 1993 Sep, 129（3）: 207-212.

[8] Zhu XF, Harris AG, Yang MF, et al Effect of octreotide on dynamic excretion of bile in Chinese acromegalic patients assessed by [^{99m}Tc] EHIDA hepatobiliary scan [J]. Dig Dis Sci. 1994 Feb, 39（2）: 284-288.

[9] Deng J, Shi Y, Yin J. The role of calcium ion in the pathogenesis of human pituitary GH-secreting adenomas [J]. Chin Med Sci J. 1996 Dec, 11（4）: 215-219.

[10] Liu J, Zheng D, Deng J, et al. Immunoreactive growth hormone in human peripheral T lymphocytes: encoding sequence of cDNA identical to that of the pituitary human growth hormone [J]. Chin Med J（Engl）. 1997 May, 110（5）: 362-365.

[11] Chen Z, Wang J, Yan H, et al. Magnetic resonance images of the hypothalamic-pituitary area in idiopathic growth deficiency [J]. Chin Med Sci J. 1997 Jun, 12（2）: 121-125.

[12] Deng J, Shi Y, Yin J. Some changes of receptor and postreceptor signal transduction regulated by somatostatin in pituitary hGH-secreting adenomas [J]. Chin Med J（Engl）. 1997 Sep, 110（9）: 678-681.

[13] Shi Y. The molecular biology in clinical endocrinology in China [J]. Chinese Medical Journal, 1997,（5）: 58.

[14] Shi Y, Tang D, Deng J, et al. Detection of GSP oncogene in growth hormone-secreting pituitary adenomas and the study of clinical characteristics of acromegalic patients with gsp-positive pituitary tumors [J]. Chin

Med J (Engl). 1998 Oct, 111 (10): 891-894.

[15] Qin S, Shi Y, Deng J. Diagnostic value of serum insulin-like growth factor binding protein-3 in children with or without growth hormone deficiency [J]. Chin Med Sci J. 2002 Sep, 17 (3): 160-163.

[16] Shi YF, Pan CY, Hill J, et al. Orlistat in the treatment of overweight or obese Chinese patients with newly diagnosed Type 2 diabetes [J]. Diabet Med. 2005 Dec, 22 (12): 1737-1743.

中文论著

[1] 张学德, 王诗恒, 李邦琦, 等. 流行性脑脊髓膜炎的治疗 [J]. 中华医学杂志, 1955, 7: 892.

[2] 吴振亚, 罗慰慈, 史轶蘩. 甲状腺机能亢进228例报告 [J]. 中华内科杂志, 1957, 5: 380-385.

[3] 史轶蘩. 肝硬变与肾上腺皮质的关系 [J]. 中华内科杂志, 1960, 6: 574-577.

[4] 史轶蘩, 张淑雅, 池芝盛. 苯乙双胍治疗糖尿病的近期疗效观察 [J]. 中华内科杂志, 1964, 12 (4): 347-352.

[5] 史轶蘩, 刘士豪. 柯兴氏综合征的诊断和分类 [D]. 第一届全国内分泌肾脏病会议论文集, 1964.

[6] 史轶蘩, 刘士豪. 柯兴氏综合征的转归 [D]. 第一届全国内分泌肾脏病会议论文集, 1964.

[7] 史轶蘩, 倪祖梅. 新口服降血糖药物——双胍类 [J]. 中华内科杂志, 1964, 12 (7): 687-690.

[8] 史轶蘩, 吴旻. 原发性卵巢发育不全12例的临床表现和细胞学检查 [D]. 第一届全国内分泌肾脏病会议论文集, 1964.

[9] 史轶蘩. 苯乙双胍("降糖灵")的临床应用 [J]. 中国药学杂志, 1965 (2): 66-67.

[10] 王苑本, 史轶蘩, 池芝盛. 硫脲类药物对甲状腺机能亢进症的远期

疗效［J］．中华内科杂志，1965，13（11）：933-936.

［11］史轶蘩，周前．甲状腺片对甲状腺吸碘-131率抑制试验的诊断价值［J］．中华医学杂志，1966，52（3）：146-150.

［12］史轶蘩．请对睾丸素类药物的药理作用和临床应用作一简介［J］．中国药学杂志，1966（1）：47.

［13］史轶蘩．25例嗜铬细胞瘤的临床分析［J］．心血管疾病，1973，1（2）：21.

［14］史轶蘩．甲状腺机能亢进危象［J］．国外医学参考资料（内科学分册），1975（2）：61-64.

［15］史轶蘩．O，P'-DDD治疗肾上腺皮质癌［J］．国外医学，1976，1（5）：200-202.

［16］史轶蘩．甲状腺机能亢进36例临床分析［J］．中华医学杂志，1977，57（6）：348-353.

［17］史轶蘩，刘国振．关于嗜铬细胞瘤诊断和治疗的一些问题［J］．中华内科杂志，1978，17（6）：466-471.

［18］史轶蘩．嗜铬细胞瘤的药理试验和生化测定［J］．中华内科杂志，1978，17（6）：437-441.

［19］史轶蘩．肥胖［J］．中级医刊，1980（3）：16-19.

［20］邓洁英，史轶蘩．人生长激素及其分泌［J］．国外医学（内科学分册），1980，7（4）：145-152.

［21］史轶蘩．试述糖尿病的诊断要点和治疗方法，并简述降血糖药物甲磺丁脲（D860）、降糖灵、胰岛素的药理作用、适应证、用法、剂量及其副作用［J］．中级医刊，1980（7）：57-59.

［22］刘国振，史轶蘩．嗜铬细胞瘤的诊断和处理（31例经验总结）［J］．中华内科杂志，1980，1：10.

［23］史轶蘩，于国宁，张雪哲．原发性甲状旁腺机能亢进症23例临床分析［J］．中华内科杂志，1980，19（3）：196.

［24］邓洁英，史轶蘩，关炳江，等．生长激素葡萄糖抑制试验对肢端肥大症的诊断价值［J］．中华内科杂志，1981，20（8）：467-470.

[25] 史轶蘩，费佩芬，张雪哲. 特发性甲状腺机能低减23例临床分析[J]. 中华内科杂志，1981，20（5）：278-281.

[26] 凌丽华，吴旻，史轶蘩，等. 克莱菲特（Klinefelter's）综合征的临床表现和细胞遗传学分析[J]. 中华医学杂志，1982，62（1）：44-47.

[27] 史轶蘩，郑洁英，刘书勤，等. 人生长激素刺激试验对成人垂体功能测定的临床应用[J]. 中华内科杂志，1982，21（7）：421-424.

[28] 史轶蘩. 肢端肥大症190例的临床表现：对病情活动指标进行探讨[J]. 中华内科杂志，1982（4）：206-210.

[29] 史轶蘩. 垂体性巨人症31例的临床表现：与肢端肥大症比较[J]. 中华内科杂志，1983（8）：495-497.

[30] 王直中，史轶蘩，金自孟. 经蝶窦蝶鞍肿瘤切除术（附40例报告）[J]. 中华耳鼻咽喉科杂志，1983，18（1）：34-37.

[31] 马学毅，史轶蘩. 颅咽管瘤的内分泌功能紊乱（56例临床分析）[J]. 北京医学，1983（2）：75-78.

[32] 史轶蘩. 男性滤泡刺激素分泌的调节[J]. 生理科学进展，1983，14（4）：302-307.

[33] 史轶蘩. 脑脊液生长激素水平对判断垂体生长激素腺瘤鞍上扩展的价值[J]. 中华内科杂志，1983，22（10）：607-610.

[34] 邓洁英，史轶蘩，关炳江，等. 人血清生长激素的放射免疫测定及其临床应用[J]. 医学研究通讯，1983（1）：20-22.

[35] 郝恩惠，郑洁英，史轶蘩. 生长激素刺激试验对垂体性侏儒症的诊断价值[J]. 中华儿科杂志，1983，21（6）：327-330.

[36] 史轶蘩. Klinefelter综合征的内分泌功能紊乱（文献综述）[J]. 中华内分泌代谢杂志，1985（1）：59-64.

[37] 史轶蘩，金自孟. 产后脑垂体前叶功能减退症危象[M]//蒋朱明. 急诊临床. 北京：人民卫生出版社，1985：393-398.

[38] 史轶蘩. 甲状腺机能亢进危象[M]//蒋朱明. 急诊临床. 北京：人民卫生出版社，1985：387-392.

[39] 戴为信，史轶蘩，金自孟. 糖尿病神经性膀胱及前列腺肥大致高钠

高氯高渗性昏迷［J］. 中华内分泌代谢杂志, 1985（1）: 68-70.

［40］史轶蘩. 垂体 hGH 细胞免疫细胞化学染色方法［J］. 中华病理学杂志, 1986（3）: 234-235.

［41］邓洁英, 史轶蘩, 高素敏, 等. 垂体 PRL 对 TRH 刺激试验的反应在女性垂体瘤中的诊断价值［J］. 中华内分泌代谢杂志, 1986（3）: 15-19.

［42］李光伟, 史轶蘩. 垂体卒中［J］. 北京医学, 1986,（S1）: 60-63.

［43］史轶蘩. 睾丸功能的局部调节［J］. 生理科学进展, 1986（4）: 350-354.

［44］史轶蘩, 吴勤勇, 向红丁. 睾丸酮短期治疗对克兰菲特综合征垂体-性腺轴功能的影响［J］. 中华内分泌代谢杂志, 1986（2）: 67.

［45］李光伟, 史轶蘩. 男性垂体嫌色细胞瘤的早期诊断和治疗——70例临床分析［J］. 北京医学, 1986（3）: 152-155.

［46］金自孟, 史轶蘩, 高素敏, 等. 小剂量溴隐亭治疗泌乳素瘤［J］. 中华内科杂志, 1986, 25（8）: 475-478.

［47］金自孟, 史轶蘩, 高素敏, 等. 溴隐亭治疗垂体泌乳素瘤和肢端肥大症［J］. 中华内分泌代谢杂志, 1986（1）: 68-69.

［48］史轶蘩, 高淑敏, 邓洁英. 预测溴隐亭治疗活动性肢端肥大症短期疗效指标的分析［J］. 中华内分泌代谢杂志, 1986（3）: 41830.

［49］金自孟, 史轶蘩, 邓洁英, 等. 肢端肥大症 hGH 指标反映病情活动性的研究［J］. 中华内分泌代谢杂志, 1986（1）: 69.

［50］史轶蘩, 李光伟, 曾传玉, 等. 肢端肥大症垂体卒中临床及内分泌功能改变——垂体瘤内科性切除［J］. 中华内分泌代谢杂志, 1986（4）: 41830.

［51］戴为信, 史轶蘩, 靳红, 等. TRH 兴奋试验与 T3 抑制试验在 Graves 氏病眼征诊断中的比较［J］. 北京医学, 1987（1）: 41735.

［52］张达力, 史轶蘩, 向红丁, 等. 成年男性特发性低促性腺激素性性功能减退的临床表现［J］. 中华内科杂志, 1987, 26（9）: 516-519.

［53］史轶蘩. 激素分泌节律的规定及分析［J］. 生理科学, 1987（1）:

29-34.

[54] 史轶蘩. 男性低促性腺激素性功能减退症对绒毛膜促性腺激素的长期疗效[J]. 中华内科杂志, 1987（10）: 590-594.

[55] 金自孟, 史轶蘩, 郑洁英, 等. 以生长激素为指标观察肢端肥大症病情活动性[J]. 中华内科杂志, 1987, 26（5）: 269-272.

[56] 范新民, 陆召麟, 史轶蘩. POMC 相关肽分子存在形式的研究[J]. 中华内分泌代谢杂志, 1988（4）: 41704.

[57] 鲍秀兰, 史轶蘩, 刘蓉, 等. 垂体侏儒和非垂体性矮小儿童的临床鉴别[J]. 临床儿科杂志, 1988（5）: 297-298.

[58] 戴为信, 史轶蘩, 吴勤勇, 等. 卵巢肾上腺样瘤致女性男性化一例报告——附垂体 - 性腺、肾上腺轴功能试验与电镜观察[J]. 中华内分泌代谢杂志, 1988（2）: 31-33.

[59] 陈达力, 史轶蘩, 郭芝生. 人血清性激素结合球蛋白结合容量的硫酸铵沉淀测定法及其临床应用[J]. 中华内分泌代谢杂志, 1988（3）: 41925.

[60] 史轶蘩. 生长激素对 TRH 刺激的反应在垂体 GH 瘤诊断和疗效估计中的价值[J]. 中华内分泌代谢杂志, 1988（1）: 41767.

[61] 高素敏, 邓洁英, 史轶蘩. 生长介素的放射免疫测定及初步临床应用[J]. 中华内分泌代谢杂志, 1988（4）: 41925.

[62] 陈达力, 史轶蘩. 性激素结合球蛋白[J]. 国外医学（内科学分册）, 1988（8）: 357-361.

[63] 曾正陪, 陆召麟, 史轶蘩, 等. 由阿狄森病转变为柯兴病一例报告[J]. 中华内分泌代谢杂志, 1988（3）: 60.

[64] 李知为, 史轶蘩, 郭恒怡. 中枢神经系统多巴胺对垂体泌乳素瘤分泌泌乳素的调节[J]. 中华内分泌代谢杂志, 1988（2）: 19-22.

[65] 鲍秀兰, 刘蓉, 史轶蘩, 等. 重组人生长激素治疗垂体性侏儒症[J]. 中华儿科杂志, 1988, 26（3）: 135-137.

[66] 史轶蘩, 刘蓉, 鲍秀兰, 等. Somatonorm 治疗特发性生长激素缺乏儿童的初步经验[J]. 中华内分泌代谢杂志, 1989, 5（1）: 41830.

[67] 夏朴, 史轶蘩. 垂体泌乳素瘤下丘脑多巴胺调节功能的评价 [J]. 中华内分泌代谢杂志, 1989, 5 (2): 80-83.

[68] 邓洁英, 史轶蘩, 何瑞娟, 等. 单层培养的垂体生长激素分泌瘤细胞对生长激素释放激素和生长抑素的反应 [J]. 中华内分泌代谢杂志, 1989, 5 (1): 32-35.

[69] 史轶蘩, 向红丁, 吴勤勇, 等. 睾丸酮制剂对克兰菲特综合征患者垂体性腺轴功能的影响 [J]. 中华内科杂志, 1989, 28 (5): 290-294.

[70] 史轶蘩. 内分泌学基础 [M] // 方圻. 内科临床与进展. 北京: 中国医药科技出版社, 1989: 287-292.

[71] 惠觅宙, 史轶蘩, 周学瀛. 人血浆抗利尿激素的生理及临床初步研究 [J]. 中华内分泌代谢杂志, 1989, 5 (4): 204-206.

[72] 史轶蘩, 刘志敏. 神经性厌食患者的临床表现及内分泌功能改变 [J]. 中国医学科学院学报, 1989, 11 (3): 159-164.

[73] 方向东, 史轶蘩. 生长激素释放激素和胰高血糖素对成人及生长激素缺乏患者生长激素分泌的影响 [J]. 生理科学, 1989 (5): 28-32.

[74] 史轶蘩. 长期睾酮治疗对男性内分泌性性功能减退患者的男性化作用 [J]. 中华医学杂志, 1989, 69 (10): 582-584.

[75] 史轶蘩, 吴勤勇, 陈达力, 等. 正常男性及男性性功能减退患者血清睾酮及双氢睾酮对绒毛膜促性腺激素兴奋的反应 [J]. 中华医学杂志, 1989, 69 (11): 653-655.

[76] 陆召麟, 史轶蘩, 范新民, 等. 支气管类癌致异位 ACTH 综合征 [J]. 中华内科杂志, 1989, 28 (11): 642-645.

[77] 刘蓉, 史轶蘩, 郑洁英, 等. 中国正常儿童和青少年血清生长介素水平 [J]. 中华儿科杂志, 1989, 27 (6): 330-332.

[78] 向红丁, 史轶蘩, 吴勤勇, 等. 50 例 Klinefelter 综合征患者的临床诊断 [J]. 中华内科杂志, 1990, 29 (1): 32-34.

[79] 高天舒, 史轶蘩, 高淑敏, 等. 成年特发性生长激素缺乏性侏儒合并其他垂体激素缺乏的评价 [J]. 中华内科杂志, 1990, 29 (4):

205-209.

[80] 邓洁英, 吴勤勇, 史轶蘩, 等. 多巴胺和溴隐亭对体外垂体生长激素细胞分泌生长激素的影响 [J]. 中国医学科学院学报, 1990, 12 (5): 330-334.

[81] 史轶蘩. 老年垂体瘤 [J]. 实用老年医学, 1990 (4): 146-148.

[82] 王耀辉, 史轶蘩, 向红丁, 等. 利福平对阿狄森氏病糖皮质激素代谢的影响: 附 1 例临床研究报告 [J]. 中华内科杂志, 1990, 29 (2): 108-111.

[83] 张克勤, 孟迅吾, 史轶蘩, 等. 皮质醇增多症患者空肠钙镁吸收功能初步探讨 [J]. 中华内分泌代谢杂志, 1990, 6 (1): 34-36.

[84] 惠觅宙, 周学瀛, 史轶蘩. 人血浆抗利尿激素放射免疫分析法 [J]. 中国医学科学院学报, 1990 (5): 370-374.

[85] 邓洁英, 高素敏, 史轶蘩. 人血清泌乳素的放射免疫分析法 [J]. 中华核医学杂志, 1990, 10 (2): 115-116.

[86] 史轶蘩, 刘志敏, 陈志哲. 神经性厌食症的临床表现 [J]. 中国学校卫生, 1990 (1): 47.

[87] 史轶蘩, 郭爱丽, 高素敏, 等. 生长激素释放激素 1-44 治疗促使下丘脑性生长激素缺乏患者生长速度增加 [J]. 中华内分泌代谢杂志, 1990, 6 (4): 195-197.

[88] 刘蓉, 史轶蘩. 生长激素释放激素兴奋试验 [J]. 基础医学与临床, 1990 (3): 41925.

[89] 史轶蘩. 生长激素释放激素研究进展 [C] // 卫生部医学科技司, 上海市医学科技情报司, 《国内外医学科学进展》编辑部. 国内外医学科学进展, 1990: 135-142.

[90] 郭爱丽, 史轶蘩, 王列真, 等. 未治特发性生长激素缺乏的男性儿童及青少年患者身高和体重的增长曲线 [J]. 中华儿科杂志, 1990, 28 (5): 266-268.

[91] 金自孟, 史轶蘩, 陈桂丽, 等. 溴隐亭治疗垂体泌乳素大腺瘤和微腺瘤 [J]. 中华内科杂志, 1990, 29 (11): 669-672.

[92] 金自孟, 史轶蘩, 高素敏, 等. 溴隐亭治疗男性垂体泌乳素大腺瘤 [J]. 中华内分泌代谢杂志, 1990, 6 (2): 93-95.

[93] 刘蓉, 邓洁英, 史轶蘩, 等. 血清生长介素水平对内分泌性矮小儿的诊断价值 [J]. 中华内分泌代谢杂志, 1990, 6 (2): 89-90.

[94] 史轶蘩, 曾正陪, 高素敏, 等. 肢端肥大症患者垂体生长激素细胞对多巴胺能药物反应异常的研究 [J]. 中国医学科学院学报, 1990, 12 (3): 168-172.

[95] 史轶蘩. 重组人生长激素对非生长激素缺乏所致身材矮小的促生长作用 [J]. 国外医学情报, 1990 (19): 17-18.

[96] 朱文玲, 郭丽琳, 史轶蘩, 等. 91例肢端肥大症患者的超声心动图改变 [J]. 中华医学杂志, 1991, 71 (9): 499-501.

[97] 史轶蘩, 朱显峰, 邓洁英, 等. Sandostatin治疗肢端肥大症的疗效. 中华内分泌代谢杂志, 1991, 7 (1): 41799.

[98] 鲍秀兰, 史轶蘩, 高素敏, 等. 北京城区青少年生长激素缺乏侏儒发病率的调查 [J]. 中华内分泌代谢杂志, 1991 (4): 43-44.

[99] 史轶蘩, 邓洁英, 张殿喜, 等. 单次及多次GHRH兴奋试验对鉴别下丘脑性和垂体性生长激素缺乏的价值评估 [J]. 中华内分泌代谢杂志, 1991, 7 (2): 77-78.

[100] 王列真, 史轶蘩, 芦双玉, 等. 国产十一酸睾丸素治疗克兰菲特综合征疗效小结 [J]. 新药与市场, 1991, 8 (4): 28-32.

[101] 史轶蘩. 激素分泌性垂体瘤的临床研究 [J]. 中国肿瘤情报, 1991 (10): 41641.

[102] 郭爱丽, 陆召麟, 史轶蘩. 静脉注射纳洛酮对正常人和垂体-肾上腺疾病患者ACTH和皮质醇分泌的影响 [J]. 中华内分泌代谢杂志, 1991, 7 (4): 207-210.

[103] 郭爱丽, 陆召麟, 史轶蘩. 纳洛酮对正常人和Cushing病患者血N-POMC和皮质醇对CRH反应的影响 [J]. 中华内分泌代谢杂志, 1991, 7 (1): 41987.

[104] 郭爱丽, 陆召麟, 史轶蘩. 纳洛酮对正常人和Cushing病患者胰

岛素低血糖兴奋后 ACTH 分泌的影响［J］. 中华内分泌代谢杂志, 1991, 7（2）: 74-76.

［105］史轶蘩. 男性内分泌性性功能减退症的临床研究［J］. 医学研究通讯, 1991（5）: 29-30.

［106］邓洁英, 史轶蘩, 吴勤勇, 等. 生长介素对肢端肥大症患者垂体瘤生长激素分泌影响的体外研究［J］. 中华内分泌代谢杂志, 1991, 7（4）: 219-221.

［107］朱显峰, 史轶蘩, 张绪熙, 等. 生长抑素激动剂 SMS201-995 治疗肢端肥大症引起胆囊结石的前瞻性研究［J］. 中华内科杂志, 1991, 30（7）: 405-408.

［108］朱显峰, 史轶蘩, 张绪熙, 等. 小剂量生长抑素激动剂 SMS201-995 对正常成人胆囊收缩功能的影响（简报）［J］. 中国医学科学院学报, 1991（4）: 312.

［109］邓洁英, 史轶蘩, 刘蓉, 等. 用联合下丘脑释放激素兴奋试验评价特发性生长激素缺乏性侏儒其他垂体前叶激素的储备功能［J］. 中华内分泌代谢杂志, 1991, 7（3）: 134-136.

［110］史轶蘩, 金自孟, 郑洁英, 等. 正常人及催乳素瘤患者垂体催乳素分泌节律的研究［J］. 中华医学杂志, 1991, 71（11）: 649-650.

［111］鲍秀兰, 杜永昌, 史轶蘩, 等. 重组 hGH 再次治疗生长激素缺乏侏儒的疗效［J］. 中国医学科学院学报, 1991, 13（6）: 443-446.

［112］史轶蘩. 垂体瘤的内科治疗近况［J］. 新医学, 1992（3）: 124-125.

［113］夏朴, 史轶蘩. 垂体糖蛋白激素分泌腺瘤与 α 亚基的临床意义［J］. 国外医学（内分泌学分册）, 1992（4）: 183-186.

［114］史轶蘩. 关于垂体瘤内科治疗的近况［J］. 新医学, 1992, 23（2）: 104-105.

［115］张克勤, 孟迅吾, 史轶蘩. 甲状旁腺激素分泌的生理变化［J］. 国外医学（内分泌学分册）, 1992（1）: 41894.

［116］周学瀛, 史轶蘩, 朱显峰, 等. 经治疗的肢端巨人症患者血生长激

素与活性维生素D水平变化［J］. 中华医学杂志，1992，72（1）：21-23.

［117］史轶蘩，潘长玉，陆召麟，等. 内分泌病学近十年来进展概况［J］. 中华内科杂志，1992，31（8）：495-498.

［118］尹娟娟，邓洁英，史轶蘩. 生长激素细胞的信息传递与调控［J］. 国外医学（内分泌学分册），1992，（3）：123-126.

［119］史轶蘩. 特发性生长激素缺乏症的临床研究［J］. 医学研究通讯，1992，21（10）：11.

［120］朱显峰，史轶蘩，张缙熙，等. 小剂量生长抑素激动剂SMS201-995对正常成人胆囊收缩功能的影响［J］. 中国医学科学院学报，1992，14（3）：201-205.

［121］刘蓉，史轶蘩，邓洁英，等. 血清生长介素在肢端肥大症诊断中的应用［J］. 中华内科杂志，1992，31（10）：636-638.

［122］史轶蘩，高素敏，邓洁英，等. 正常成人及肢端肥大症患者的生长激素谱测定［J］. 中华内分泌代谢杂志，1992，8（1）：20-23.

［123］朱文玲，郭丽琳，史轶蘩，等. 肢端肥大症的心脏改变［J］. 中国超声医学杂志，1992（2）：66.

［124］尹娟娟，邓洁英，史轶蘩. 垂体腺苷酸环化酶激活肽［J］. 国外医学（内分泌学分册），1993（4）：170-173.

［125］郭芝生，陈达力，史轶蘩，等. 甲状腺机能亢症患者治疗前后血清性激素结合球蛋白结合容量的改变［J］. 中华内科杂志，1993，32（4）：243-245.

［126］刘孟元，邓洁英，史轶蘩. 生长激素结合蛋白［J］. 国外医学（内分泌学分册），1993（3）：114-117.

［127］焦凯，史轶蘩. 生长激素受体［J］. 国外医学（内分泌学分册），1993（2）：58-60.

［128］刘孟元，史轶蘩. 细胞因子在神经内分泌免疫调节网络中的作用［J］. 国外医学（免疫学分册），1993（5）：239-243.

［129］Christina Wang，史轶蘩. 雄激素的临床应用［J］. 生殖医学杂志，

1993，2（4）：214.

［130］汤晓芙，史轶蘩，金自孟，等. 肢端肥大症并发周围神经病［J］. 中华神经精神科杂志，1993，26（1）：38-40.

［131］朱显峰，史轶蘩，高素敏，等. 对长期用生长抑素激动剂治疗肢端肥大症停药后生长激素分泌和胆囊收缩功能的观察［J］. 中华内科杂志，1994，33（2）：87-91.

［132］史轶蘩. 激素分泌性垂体瘤的发病机理［J］. 国外医学（内科学分册），1994，21（7）：277-280.

［133］史轶蘩，黄家清，陆星华，等. 生长抑素对人 Oddi 括约肌机能性的影响［J］. 中华消化杂志，1994（S1）：33-35.

［134］史轶蘩. 我还能不能再长高些［J］. 科技文萃，1994（6）：242-243.

［135］史轶蘩. 雄激素在体育运动中的使用［J］. 生殖医学杂志，1994，3（1）：61-62.

［136］史轶蘩. 雄性促性腺激素分泌及作用的分子机制［J］. 生殖医学杂志，1994，3（1）：55.

［137］史轶蘩，朱显蜂. 肢端肥大症患者皮下注射长效生长抑素激动剂奥曲肽的药代动力学［J］. 中国新药杂志，1994，3（2）：45-48.

［138］尹娟娟，邓洁英，史轶蘩，等. GRH 调节的 AC-cAMP 系统对垂体生长激素瘤发病机制中的影响［J］. 中华内分泌代谢杂志，1995，11（2）：74-78.

［139］戴为信，史轶蘩，何芳芳，等. 分泌雄素的卵巢肿瘤 2 例：附垂体-肾上腺轴、垂体-性腺轴功能试验［J］. 中国医学科学院学报，1995，17（4）：317-320.

［140］史轶蘩. 睾酮制剂能否治疗内分泌性男性不孕症［J］. 北京医学，1995，17（5）：279-280.

［141］史轶蘩. 生长与生长障碍［J］. 中华内分泌代谢杂志，1995，11（2）：110-113.

［142］王峻峰，史轶蘩，高素敏，等. 思增（SAIZEN）治疗生长激素缺

乏症21例[J]. 中国新药杂志, 1995, 4（2）: 39-41.

[143] 史轶蘩. 要加强下丘脑-垂体疾病的临床研究[J]. 中华内分泌代谢杂志, 1995, 11（2）: 67-68.

[144] 刘彤华, 戴为信, 史轶蘩, 等. 胰高糖素瘤长期误诊一例与文献复习[J]. 中华内科杂志, 1995（3）: 190-192.

[145] 邓洁英, 史轶蘩, 高素敏, 等. 肢端肥大症患者血清生长激素和生长介素的相互关系及在评定病情活动性中的价值[J]. 中华内分泌代谢杂志, 1995, 11（2）: 69-71.

[146] 尹娟娟, 邓洁英, 史轶蘩, 等. CA2+在人垂体生长激素分泌瘤发病中的作用[J]. 中国医学科学院学报, 1996, 18（1）: 23-28.

[147] 吕文戈, 史轶蘩, 邓洁英, 等. 成年男性性腺功能减退症400例的病因构成[J]. 生殖医学杂志, 1996, 5（3）: 131-134.

[148] 邓洁英, 史轶蘩. 垂体前叶的基础与临床研究近况[J]. 中华内分泌代谢杂志, 1996, 12（1）: 40-42.

[149] 尹娟娟, 邓洁英, 史轶蘩, 等. 垂体生长激素分泌瘤细胞有关生长抑素调节的受体和受体后过程的某些变化[J]. 中国病理生理杂志, 1996, 12（4）: 364-368.

[150] 黄一宁, 夏朴, 史轶蘩. 患库欣病行多次垂体放射治疗后出现头痛、头晕及耳鸣[J]. 中华医学杂志, 1996, 76（10）: 790-791.

[151] 史轶蘩. 与青年医生谈谈如何减少误诊[J]. 临床误诊误治, 1996, 9（1）: 3.

[152] 王辉, 郑洁英, 史轶蘩. 淋巴细胞分泌的免疫反应性生长激素的研究进展[J]. 国外医学（免疫学分册）, 1997, 20（4）: 196.

[153] 金自孟, 史轶蘩, 张殿喜, 等. 弥凝片治疗中枢性尿崩症. 中华内分泌代谢杂志, 1997, 13（3）: 141-144.

[154] 唐丹, 史轶蘩. 身材矮小患儿在人垂体生长激素治疗过程中甲状腺功能的变化[J]. 中华儿科杂志, 1997, 35（1）: 52-54.

[155] 唐丹, 史轶蘩, 王峻峰, 等. 重组人生长激素治疗生长激素缺乏症20例[J]. 中华医学杂志, 1997, 77（6）: 468-469.

[156] 唐丹, 邓洁英, 史轶蘩. 垂体生长激素分泌瘤 gsp 瘤基因的检测及其临床特点的研究 [J]. 中华内分泌代谢杂志, 1998, 14 (5): 283.

[157] 史轶蘩. 基因重组人生长激素治疗生长激素缺乏症的应用前景 [J]. 中华内分泌代谢杂志, 1998, 14 (5): 281-282.

[158] 史轶蘩. 提高对成年人生长激素缺乏综合征的认识 [J]. 中华内科杂志, 1998, 37 (2): 75-76.

[159] 吴咏梅, 邓洁英, 史轶蘩. Western 印迹方法测定血清中胰岛素样生长因子结合蛋白-3 水平 [J]. 中华内分泌代谢杂志, 1999, 15 (4): 212.

[160] 王秩, 邓洁英, 史轶蘩. 单链构象多态性与双脱氧指纹法检测基因突变的意义 [J]. 中华医学杂志, 1999, 79 (5): 351.

[161] 史轶蘩, 邓洁英, 曾正陪, 等. 近年来我国内分泌学的研究进展 [J]. 中华内科杂志, 1999, 38 (9): 587-591.

[162] 朱慧娟, 史轶蘩, 邢小平, 等. 气管肺类癌所致抗利尿激素分泌不适当综合征 (SIADH) [J]. 中国医刊, 1999, 34 (3): 22.

[163] 王秩, 邓洁英, 史轶蘩. 生长激素缺乏症患者 Pit-1 基因突变分析 [J]. 实用儿科临床杂志, 1999, 14 (3): 136-137.

[164] 伍学焱, 史轶蘩, 邓洁英. 体外培养的男性外生殖器皮肤成纤维细胞单层 5α-还原酶活性测定 [J]. 中华内分泌代谢杂志, 1999, 15 (4): 216.

[165] 伍学焱, 史轶蘩, 卢双玉. 仙雄与安雄药代动力学比较及临床疗效初步观察 [J]. 中国新药杂志, 1999, 8 (6): 396-398.

[166] 史轶蘩. 协和内分泌和代谢学 [M]. 北京: 科学出版社, 1999.

[167] 覃舒文, 邓洁英, 史轶蘩, 等. 血清人胰岛素样生长因子结合蛋白-3 放射免疫测定法的建立及其临床应用 [J]. 中华核医学杂志, 1999, 19 (4): 197-200.

[168] 史轶蘩. 影响孩子身高的因素有哪些 [J]. 祝您健康, 1999 (3): 41644.

[169] 朱慧娟, 史轶蘩, 邢小平, 等. 支气管肺类癌所致抗利尿激素分泌

不适当综合征（附一例报道）[J]. 中华内分泌代谢杂志，1999（2）：43-46.

[170] 覃舒文，史轶蘩，王德芬，等. 重组人生长激素治疗青春期前生长激素缺乏症的临床观察[J]. 中华内分泌代谢杂志，1999，15（1）：41862.

[171] 史轶蘩. 21世纪人的类杀手－肥胖症[J]. 中华内科杂志，2000，39（4）：221.

[172] 王秩，邓洁英，史轶蘩. 促生长素释放激素及细胞因子对垂体促生长素基因表达的调控及其与Pit-1的关系[J]. 中华内分泌代谢杂志，2000，16（5）：297-301.

[173] 金自孟，史轶蘩，卢双玉，等. 促性腺素释放激素类似物治疗女孩特发性中枢性性早熟的初步观察[J]. 中华内分泌代谢杂志，2000，16（5）：281-283.

[174] 史轶蘩. 肥胖症的现状与治疗[J]. 医学研究通讯，2000（11）：41765.

[175] 覃舒文，史轶蘩，沈水仙，等. 国产重组人生长激素治疗特发性生长激素缺乏症的疗效[J]. 中国新药杂志，2000，9（5）：323-325.

[176] 史轶蘩. 积极开展青春发育的临床研究[J]. 中华内分泌代谢杂志，2000，16（5）：273.

[177] 张殿喜，伍学焱，史轶蘩. 男性性腺功能减退症患者注射巧理宝后血清睾酮水平变化[J]. 北京医学，2000，22（3）：189.

[178] 王辉，邓洁英，史轶蘩. 生长激素对免疫细胞功能调节的研究进展[J]. 国外医学（内分泌学分册），2000，20（2）：91-94.

[179] 王辉，邓洁英，史轶蘩. 生长激素调节T淋巴细胞的功能[J]. 中国免疫学杂志，2000，16（9）：480-484.

[180] 栾好江，郑洁英，史轶蘩. 细胞因子对人B淋巴母细胞系IM-9中irGH基因启动子活性的影响[J]. 中国免疫学杂志，2000，16：6-9.

[181] 史轶蘩，李光伟，朱禧星，等. 奥利司他对中国肥胖患者的疗效和

安全性分析[J]. 中华内分泌代谢杂志, 2001, 17（6）: 383-387.

[182] 史轶蘩. 必须按国家药品临床试验规范进行内分泌药物的多中心临床研究[J]. 中华内分泌代谢杂志, 2001, 17（3）: 129-130.

[183] 史轶蘩. 成人生长激素缺乏症的诊断和治疗[J]. 当代医学, 2001, 7（2）: 41831.

[184] 栾好江, 邓洁英, 史轶蘩. 垂体生长激素的调节激素对人B淋巴母细胞系IM-9中生长激素基因启动子活性的影响[J]. 中华微生物学和免疫学杂志, 2001, 21（5）: 476-479.

[185] 邓洁英, 史轶蘩, 王辉. 激素对T淋巴细胞生长激素基因表达调控的影响1[J]. 中国免疫学杂志, 2001, 17（11）: 595-600.

[186] 张殿喜, 邓洁英, 史轶蘩. 人生长激素的生物素-亲和素放大酶联免疫法的建立[J]. 基础医学与临床, 2001, 21（3）: 275-277.

[187] 覃舒文, 史轶蘩, 邓洁英. 血清胰岛素样生长因子结合蛋白-3蛋白酶活性检测的初步临床意义[J]. 中华内分泌代谢杂志, 2001, 17（3）: 151-153.

[188] 史轶蘩. 成人生长激素缺乏症的诊断和治疗[J]. 医学文选, 2002, 21（4）: 415-419.

[189] 覃舒文, 史轶蘩, 卢双玉, 等. 对成年女性空泡蝶鞍患者垂体前叶激素储备功能的研究[J]. 中华内分泌代谢杂志, 2002, 18（1）: 45-46.

[190] 龚凤英, 史轶蘩, 邓洁英. 干扰素γ增强GH3细胞中人生长激素基因表达机制[J]. 生物化学与生物物理学报, 2002, 34（5）: 619-624.

[191] 潘慧, 史轶蘩. 生长抑素受体显像在内分泌临床的应用[J]. 国外医学（内分泌学分册）, 2002, 22（5）: 289-292.

[192] 史轶蘩, 潘长玉, 李光伟, 等. 西布曲明在中国肥胖症患者中的疗效及安全性分析[J]. 中华内分泌代谢杂志, 2002, 18（1）: 70-74.

[193] 王辉, 邓洁英, 史轶蘩, 等. 细胞因子对T细胞生长激素基因表达的影响[J]. 细胞与分子免疫学杂志, 2002, 18（1）: 41829.

[194] 顾锋，史轶蘩，邓洁英，等. 先天性肾性尿崩症患者精氨酸加压素受体2基因突变的检测分析[J]. 中华医学杂志，2002，82（20）：1401-1405.

[195] 潘慧，史轶蘩，邓洁英，等. LHRH兴奋试验早期鉴别诊断青少年的体质性青春发育延迟和男性低促性腺激素性功能低减的价值[J]. 中华内分泌代谢杂志，2003，19（2）：110-114.

[196] 史轶蘩. 代谢病的实验室诊断医师指南（第二版）[J]. 国外医学情报，2003，24（6）：47-48.

[197] 朱惠娟，史轶蘩，胡明明，等. 减重治疗逆转超重及肥胖症患者脂肪肝的作用[J]. 中华内科杂志，2003，42（2）：98-102.

[198] 史轶蘩，朱惠娟. 降低体重在非酒精性脂肪性肝病防治中的作用[J]. 中华肝脏病杂志，2003，11（2）：112.

[199] 史轶蘩. 内分泌与代谢系统合理用药专家圆桌会纪要[J]. 中国医院用药评价与分析，2003，3（4）：195-198.

[200] 龚凤英，邓洁英，史轶蘩，等. 细胞因子对GH3细胞中人生长激素基因表达的影响[J]. 生物化学与生物物理学报，2003，35（4）：375-380.

[201] 史轶蘩. 应大力加强青春发育的研究[J]. 中华内分泌代谢杂志，2003，19（2）：81-82.

[202] 李光伟，史轶蘩. 应重视临床科研中的因果推理——也谈相关因素、预测因素和危险因素[J]. 中华内分泌代谢杂志，2003（6）：41765.

[203] 史轶蘩，潘长玉，高妍，等. 奥利司他在中国超重或肥胖2型糖尿病患者中的疗效分析[J]. 中华内分泌代谢杂志，2004，20（5）：403-407.

[204] 龚凤英，邓洁英，史轶蘩，等. 白细胞介素1β促进GH3细胞中人生长激素基因表达的机制[J]. 中国医学科学院学报，2004，26（3）：255-262.

[205] 茅江峰，邓洁英，史轶蘩. 催乳素和免疫系统[J]. 中华内分泌代

谢杂志，2004，20（6）：574-576.

[206] 胡明明，史轶蘩. 肥胖症患者胆囊运动功能和胆固醇结石形成的关系［J］. 世界医学杂志，2004，8（5）：67-70.

[207] 徐剑，史轶蘩. 过氧化物酶体增殖物激活受体γ与肥胖［J］. 国外医学（内分泌学分册），2004，24（6）：381-383.

[208] 史轶蘩，朱慧娟. 胖人应去医院就诊［J］. 科技文萃，2004（2）：80-81.

[209] 顾锋，金自孟，史轶蘩，等. 先天性肾性尿崩症的病因及临床特点［J］. 中华医学杂志，2004，84（17）：1448-1449.

[210] 伍学焱，史轶蘩，邓洁英. 用体外培养的男性外生殖器皮肤成纤维细胞单层建立雄激素受体结合分析的方法［J］. 基础医学与临床，2004，24（3）：339-343.

[211] 李欣，史轶蘩，金自孟，等. 124例伴血催乳素增高的生长激素分泌性垂体腺瘤临床分析［J］. 中华内分泌代谢杂志，2005，21（5）：477-481.

[212] 史轶蘩，陈名道. 从JCEM的特色思考CJEM的发展方向［J］. 中华内分泌代谢杂志，2005，21（4）：296-297.

[213] 朱惠娟，邓洁英，史轶蘩，等. 大庆市健康青少年女性青春期性发育调查［J］. 中华医学杂志，2005，85（15）：1045-1048.

[214] 张石革，史轶蘩. 内分泌代谢系统合理用药专项圆桌会纪要［J］. 中国医院用药评价与分析，2005，5（1）：41704.

[215] 徐剑，史轶蘩. 生长激素、胰岛素样生长因子-1与骨质疏松［J］. 基础医学与临床，2005，25（7）：598-601.

[216] 胡明明，史轶蘩. 胃肠胰脂肪酶抑制剂对肥胖症患者胆囊运动功能的影响［J］. 中国医院用药评价与分析，2005，5（1）：47-49.

[217] 邓洁英，史轶蘩，张殿喜，等. 胰岛素样生长因子1对儿童青春发育启动的作用［J］. 中华内分泌代谢杂志，2005，21（4）：337-340.

[218] 潘慧，覃舒文，史轶蘩，等. 重组人生长激素治疗骨龄13—17岁

的特发性生长激素缺乏性矮小症［J］. 中华内分泌代谢杂志，2005，21（2）：132-134.

［219］李欣，史轶蘩. 重组人生长激素治疗特发性身材矮小患儿的疗效评价［J］. 中国医院用药评价与分析，2005，5（1）：15-18.

［220］潘慧，史轶蘩，朱逞，等. 基因重组人生长激素治疗青春期前特发性生长激素缺乏症临床试验［J］. 中国新药杂志，2006，15（5）：376-379.

［221］伍学焱，茅江峰，史轶蘩，等. 类固醇5α-还原酶及5α-还原酶2型缺陷症研究进展［J］. 基础医学与临床，2006，26（3）：225-230.

［222］潘慧，史轶蘩. 正确认识人生长激素缺乏性矮小症［J］. 中华全科医师杂志，2006，5（4）：235-236.

［223］伍学焱，史轶蘩，邓洁英，等. 大庆市健康男性青少年正常青春发育时间调查［J］. 中华医学杂志，2007，87（16）：1117-1119.

［224］伍学焱，茅江峰，史轶蘩. 青春发育异常的分类和诊断［J］. 中国实用内科杂志，2007，27（23）：1819-1821.

［225］张韶君，史轶蘩. 生长激素/胰岛素样生长因子-1与免疫系统的关系［J］. 国际内分泌代谢杂志，2007，27：41987.

参考文献

[1] 胡文静. 史轶蘩院士生平及追悼会报道[N]. 北京协和医院院报, 2013-03-11.

[2] 政协北京委员会文史资料研究会. 话说老协和[M]. 北京：中国文史出版社, 1987.

[3] 中国协和医科大学. 中国协和医科大学校史（1917—1987）[M]. 北京：北京科技出版社, 1987.

[4] 玛丽·布朗·布洛克. 油王：洛克菲勒在中国[M]. 韩邦凯, 魏柯玲, 译. 北京：商务印书馆, 2014.

[5] 福梅龄. 美国中华医学基金会和北京协和医学院[M]. 闫海英, 蒋育红, 译. 北京：中国协和医科大学出版社, 2014.

[6] 约翰·齐默尔曼·鲍尔斯. 中国宫殿里的西方医学[M]. 蒋育红, 张麟, 吴东, 译. 北京：中国协和医科大学出版社, 2014.

[7] 李乃适. 史轶蘩（1928—2013）[M]// 刘德培. 20世纪中国知名科学家学术成就概览·医学卷·临床医学与护理学分册. 北京：科学出版社, 2015.

[8] 李乃适. 北京协和医学院的两代内分泌宗师——刘士豪和史轶蘩[M]// 蒋育红, 玛丽·布朗·布洛克. 协和百年纪念文集. 北京：中国协和医科大学出版社, 2017.

[9] 李乃适. 史轶蘩与功能性垂体疾病研究[M]// 赵玉沛, 姜玉新, 张抒扬, 吴沛新. 中国现代医院史话——北京协和医院. 北京：人民卫生出版社, 2021.

[10] 李乃适, 李梅, 张茜, 等. 内分泌学百年回眸与未来[J]. 中国科学：生命科学, 2021, 51(8)：912-919.

[11] 张之南. 治学与从业：一名协和老医生的体会 [M]. 北京：中国协和医科大学出版社，2007.

[12] Shi YF, Sherins RJ, Brightwell D, et al. Long-term stability of aqueous solutions of luteinizing hormone-releasing hormone assessed by an in vitro bioassay and liquid chromatography [J]. J Pharm Sci, 1984, 73 (6): 819–821.

[13] Shi YF, Patterson AP, Sherins RJ. Increased plasma and pituitary prolactin concentrations in adult male rats with selective elevation of FSH levels may be explained by reduced testosterone and increased estradiol production [J]. J Androl, 1986, 7 (2): 105 –111.

[14] Shi YF, Harris AG, Zhu XF, et al.Clinical and biochemical effects of incremental doses of the long-acting somatostatin analogue SMS 201–995 in ten acromegalic patients [J]. Clin Endocrinol (Oxf), 1990, 32 (6): 695–705.

[15] Shi YF, Bao XL, Wang DF, et al. Treatment of growth hormone deficient patients with recombinant somatropin for 1 year: results of a Chinese multicentre trial [J]. Acta Paediatr Scand Suppl, 1990, 370: 212–215.

[16] Zhu XF, Shi YF, Qin Dai, et al. Effect of small doses of somatostatin analog, octreotide, on gallbladder contractility in normal Chinese adults [J]. Dig Dis Sci, 1992, 37 (1): 105–108.

[17] Y F Shi, X F Zhu, A G Harris, et al. Prospective study of the long-term effects of somatostatin analog (octreotide) on gallbladder function and gallstone formation in Chinese acromegalic patients [J]. J Clin Endocrinol Metab, 1993, 76 (1): 32–37.

[18] Shi YF, Zhu XF, Harris AG, et al. Restoration of gallbladder contractility after withdrawal of long-term octreotide therapy in acromegalic patients [J]. Acta Endocrinol (Copenh), 1993, 129 (3): 207–212.

[19] Zhu XF, Harris AG, Yang MF, et al. Effect of octreotide on dynamic excretion of bile in Chinese acromegalic patients assessed by [^{99m}Tc] EHIDA hepatobiliary scan [J]. Dig Dis Sci, 1994, 39 (2): 284–288.

[20] 史轶蘩，张淑雅，池芝盛. 苯乙双胍治疗糖尿病的近期疗效观察 [J]. 中华内科杂志，1964, 12 (4): 347–352.

[21] 史轶蘩，倪祖梅. 新口服降血糖药物——双胍类 [J]. 中华内科杂志，1964,

12（7）：687-690.

[22] 王苑本，史轶蘩，池芝盛. 硫脲类药物对甲状腺机能亢进症的远期疗效[J]. 中华内科杂志，1965，13（11）：933-936.

[23] 史轶蘩，周前. 甲状腺片对甲状腺吸碘-131率抑制试验的诊断价值[J]. 中华医学杂志，1966，52（3）：146-150.

[24] 史轶蘩. 甲状腺机能亢进危象[J]. 国外医学参考资料（内科学分册），1975，（2）：61-64.

[25] 史轶蘩. O，P'-DDD治疗肾上腺皮质癌[J]. 国外医学，1976，1（5）：200-202.

[26] 史轶蘩. 甲状腺机能亢进36例临床分析[J]. 中华医学杂志，1977，57（6）：348-353.

[27] 史轶蘩，刘国振. 关于嗜铬细胞瘤诊断和治疗的一些问题[J]. 中华内科杂志，1978，17（6）：466-471.

[28] 史轶蘩. 嗜铬细胞瘤的药理试验和生化测定[J]. 中华内科杂志，1978，17（6）：437-441.

[29] 邓洁英，史轶蘩. 人生长激素及其分泌[J]. 国外医学（内科分册），1980，7（4）：145-152.

[30] 史轶蘩. 试述糖尿病的诊断要点和治疗方法，并简述降血糖药物甲磺丁脲（D860）、降糖灵、胰岛素的药理作用、适应证、用法、剂量及其副作用[J]. 中级医刊，1980（7）：57-59.

[31] 史轶蘩，于国宁，张雪哲. 原发性甲状旁腺机能亢进症23例临床分析[J]. 中华内科杂志，1980，19（3）：196.

[32] 邓洁英，史轶蘩，关炳江，等. 生长激素葡萄糖抑制试验对肢端肥大症的诊断价值[J]. 中华内科杂志，1981，20（8）：467-470.

[33] 史轶蘩，费佩芬，张雪哲. 特发性甲状腺机能低减23例临床分析[J]. 中华内科杂志，1981，20（5）：278-281.

[34] 凌丽华，吴旻，史轶蘩，等. 克莱菲特（Klinefelter's）综合征的临床表现和细胞遗传学分析[J]. 中华医学杂志，1982，62（1）：44-47.

[35] 史轶蘩，郑洁英，刘书勤，等. 人生长激素刺激试验对成人垂体功能测定的临床应用[J]. 中华内科杂志，1982，21（7）：421-424.

[36] 史轶蘩. 肢端肥大症190例的临床表现：对病情活动指标进行探讨[J]. 中

华内科杂志，1982（4）：206-210.

[37] 史轶蘩. 垂体性巨人症31例的临床表现：与肢端肥大症比较［J］. 中华内科杂志，1983（8）：495-497.

[38] 史轶蘩. 脑脊液生长激素水平对判断垂体生长激素腺瘤鞍上扩展的价值［J］. 中华内科杂志，1983，22（10）：607-610.

[39] 邓洁英，史轶蘩，关炳江，等. 人血清生长激素的放射免疫测定及其临床应用［J］. 医学研究通讯，1983（1）：20-22.

[40] 郝恩惠，郑洁英，史轶蘩. 生长激素刺激试验对垂体性侏儒症的诊断价值［J］. 中华儿科杂志，1983，21（6）：327-330.

[41] 史轶蘩. Klinefelter综合征的内分泌功能紊乱（文献综述）［J］. 中华内分泌代谢杂志，1985（1）：59-64.

[42] 史轶蘩. 垂体hGH细胞免疫细胞化学染色方法［J］. 中华病理学杂志，1986（3）：234-235.

[43] 邓洁英，史轶蘩，高素敏，等. 垂体PRL对TRH刺激试验的反应在女性垂体瘤中的诊断价值［J］. 中华内分泌代谢杂志，1986（3）：15-19.

[44] 李光伟，史轶蘩. 垂体卒中［J］. 北京医学，1986（S1）：60-63.

[45] 史轶蘩，吴勤勇，向红丁. 睾丸酮短期治疗对克兰菲特综合征垂体-性腺轴功能的影响［J］. 中华内分泌代谢杂志，1986（2）：67.

[46] 李光伟，史轶蘩. 男性垂体嫌色细胞瘤的早期诊断和治疗——70例临床分析［J］. 北京医学，1986（3）：152-155.

[47] 金自孟，史轶蘩，高素敏，等. 小剂量溴隐亭治疗泌乳素瘤［J］. 中华内科杂志，1986，25（8）：475-478.

[48] 金自孟，史轶蘩，高素敏，等. 溴隐亭治疗垂体泌乳素瘤和肢端肥大症［J］. 中华内分泌代谢杂志，1986（1）：68-69.

[49] 金自孟，史轶蘩，邓洁英，等. 肢端肥大症hGH指标反映病情活动性的研究［J］. 中华内分泌代谢杂志，1986（1）：69.

[50] 史轶蘩. 激素分泌节律的规定及分析［J］. 生理科学，1987（1）：29-34.

[51] 史轶蘩. 男性低促性腺激素性功能减退症对绒毛膜促性腺激素的长期疗效［J］. 中华内科杂志，1987（10）：590-594.

[52] 金自孟，史轶蘩，郑洁英，等. 以生长激素为指标观察肢端肥大症病情活动性［J］. 中华内科杂志，1987，26（5）：269-272.

[53] 陈达力, 史轶蘩, 郭芝生. 人血清性激素结合球蛋白结合容量的硫酸铵沉淀测定法及其临床应用[J]. 中华内分泌代谢杂志, 1988（3）: 41925.

[54] 史轶蘩. 生长激素对 TRH 刺激的反应在垂体 GH 瘤诊断和疗效估计中的价值[J]. 中华内分泌代谢杂志, 1988（1）: 41767.

[55] 高素敏, 邓洁英, 史轶蘩. 生长介素的放射免疫测定及初步临床应用[J]. 中华内分泌代谢杂志, 1988（4）: 41925.

[56] 史轶蘩, 刘蓉, 鲍秀兰, 等. Somatonorm 治疗特发性生长激素缺乏儿童的初步经验[J]. 中华内分泌代谢杂志, 1989, 5（1）: 41830.

[57] 史轶蘩, 刘志敏. 神经性厌食患者的临床表现及内分泌功能改变[J]. 中国医学科学院学报, 1989, 11（3）: 159-164.

[58] 方向东, 史轶蘩. 生长激素释放激素和胰高血糖素对成人及生长激素缺乏患者生长激素分泌的影响[J]. 生理科学, 1989（5）: 28-32.

[59] 史轶蘩, 吴勤勇, 陈达力, 等. 正常男性及男性性功能减退患者血清睾酮及双氢睾酮对绒毛膜促性腺激素兴奋的反应[J]. 中华医学杂志, 1989, 69（11）: 653-655.

[60] 刘蓉, 史轶蘩, 郑洁英, 等. 中国正常儿童和青少年血清生长介素水平[J]. 中华儿科杂志, 1989, 27（6）: 330-332.

[61] 向红丁, 史轶蘩, 吴勤勇, 等. 50 例 Klinefelter 综合征患者的临床诊断[J]. 中华内科杂志, 1990, 29（1）: 32-34.

[62] 惠觅宙, 周学瀛, 史轶蘩. 人血浆抗利尿激素放射免疫分析法[J]. 中国医学科学院学报, 1990（5）: 370-374.

[63] 史轶蘩, 郭爱丽, 高素敏, 等. 生长激素释放激素 1-44 治疗促使下丘脑性生长激素缺乏患者生长速度增加[J]. 中华内分泌代谢杂志, 1990, 6（4）: 195-197.

[64] 郭爱丽, 史轶蘩, 王列真, 等. 未治特发性生长激素缺乏的男性儿童及青少年患者身高和体重的增长曲线[J]. 中华儿科杂志, 1990, 28（5）: 266-268.

[65] 史轶蘩, 朱显峰, 邓洁英, 等. Sandostatin 治疗肢端肥大症的疗效[J]. 中华内分泌代谢杂志, 1991, 7（1）: 41799.

[66] 史轶蘩, 邓洁英, 张殿喜, 等. 单次及多次 GHRH 兴奋试验对鉴别下丘脑性和垂体性生长激素缺乏的价值评估[J]. 中华内分泌代谢杂志, 1991, 7

（2）：77-78.

[67] 朱显峰，史轶蘩，张缙熙，等. 生长抑素激动剂 SMS201-995 治疗肢端肥大症引起胆囊结石的前瞻性研究 [J]. 中华内科杂志，1991，30（7）：405-408.

[68] 邓洁英，史轶蘩，刘蓉，等. 用联合下丘脑释放激素兴奋试验评价特发性生长激素缺乏性侏儒其他垂体前叶激素的储备功能 [J]. 中华内分泌代谢杂志，1991，7（3）：134-136.

[69] 史轶蘩，金自孟，郑洁英，等. 正常人及催乳素瘤患者垂体催乳素分泌节律的研究 [J]. 中华医学杂志，1991，71（11）：649-650.

[70] 史轶蘩. 垂体瘤的内科治疗近况 [J]. 新医学，1992（3）：124-125.

[71] 周学瀛，史轶蘩，朱显峰，等. 经治疗的肢端巨人症病人血生长激素与活性维生素 D 水平变化 [J]. 中华医学杂志，1992，72（1）：21-23.

[72] 史轶蘩，潘长玉，陆召麟，等. 内分泌病学近十年来进展概况 [J]. 中华内科杂志，1992，31（8）：495-498.

[73] 郭芝生，陈达力，史轶蘩，等. 甲状腺机能亢症患者治疗前后血清性激素结合球蛋白结合容量的改变 [J]. 中华内科杂志，1993，32（4）：243-245.

[74] 汤晓芙，史轶蘩，金自孟，等. 肢端肥大症并发周围神经病 [J]. 中华神经精神科杂志，1993，26（1）：38-40.

[75] 史轶蘩. 激素分泌性垂体瘤的发病机理 [J]. 国外医学·内科学分册，1994，21（7）：277-280.

[76] 史轶蘩，黄家清，陆星华，等. 生长抑素对人 Oddi 括约肌机能性的影响 [J]. 中华消化杂志，1994（S1）：33-35.

[77] 史轶蘩，朱显峰. 肢端肥大症患者皮下注射长效生长抑素激动剂奥曲肽的药代动力学 [J]. 中国新药杂志，1994，3（2）：45-48.

[78] 王峻峰，史轶蘩，高素敏等. 思增（SAIZEN）治疗生长激素缺乏症21例 [J]. 中国新药杂志，1995，4（2）：39-41.

[79] 史轶蘩. 要加强下丘脑-垂体疾病的临床研究 [J]. 中华内分泌代谢杂志，1995，11（2）：67-68.

[80] 吕文戈，史轶蘩，邓洁英，等. 成年男性性腺功能减退症400例的病因构成 [J]. 生殖医学杂志，1996，5（3）：131-134.

[81] 尹娟娟，邓洁英，史轶蘩，等. 垂体生长激素分泌瘤细胞有关生长抑素调节

的受体和受体后过程的某些变化［J］. 中国病理生理杂志，1996，12（4）：364-368.

［82］史轶蘩. 与青年医生谈谈如何减少误诊［J］. 临床误诊误治，1996，9（1）：3.

［83］金自孟，史轶蘩，张殿喜，等. 弥凝片治疗中枢性尿崩症［J］. 中华内分泌代谢杂志，1997，13（3）：141-144.

［84］唐丹，史轶蘩. 身材矮小患儿在人垂体生长激素治疗过程中甲状腺功能的变化［J］. 中华儿科杂志，1997，35（1）：52-54.

［85］唐丹，史轶蘩，王峻峰，等. 重组人生长激素治疗生长激素缺乏症20例［J］. 中华医学杂志，1997，77（6）：468-469.

［86］史轶蘩. 基因重组人生长激素治疗生长激素缺乏症的应用前景［J］. 中华内分泌代谢杂志，1998，14（5）：281-282.

［87］史轶蘩. 提高对成年人生长激素缺乏综合征的认识［J］. 中华内科杂志，1998，37（2）：75-76.

［88］史轶蘩，邓洁英，曾正陪，等. 近年来我国内分泌学的研究进展［J］. 中华内科杂志，1999，38（9）：587-591.

［89］史轶蘩. 协和内分泌和代谢学［M］. 北京：科学出版社，1999.

［90］史轶蘩. 21世纪的人类杀手——肥胖症［J］. 中华内科杂志，2000，39（4）：221.

［91］金自孟，史轶蘩，卢双玉，等. 促性腺素释放激素类似物治疗女孩特发性中枢性性早熟的初步观察［J］. 中华内分泌代谢杂志，2000，16（5）：281-283.

［92］史轶蘩. 积极开展青春发育的临床研究［J］. 中华内分泌代谢杂志，2000，16（5）：273.

［93］覃舒文，史轶蘩，邓洁英. 血清胰岛素样生长因子结合蛋白-3蛋白酶活性检测的初步临床意义［J］. 中华内分泌代谢杂志，2001，17（3）：151-153.

［94］覃舒文，史轶蘩，卢双玉，等. 对成年女性空泡蝶鞍患者垂体前叶激素储备功能的研究［J］. 中华内分泌代谢杂志，2002，18（1）：45-46.

［95］潘慧，史轶蘩，邓洁英，等. LHRH兴奋试验早期鉴别诊断青少年的体质性青春发育延迟和男性低促性腺激素性功能低减的价值［J］. 中华内分泌代谢杂志，2003，19（2）：110-114.

［96］史轶蘩，朱惠娟. 降低体重在非酒精性脂肪性肝病防治中的作用［J］. 中华

肝脏病杂志，2003，11（2）：112.

［97］史轶蘩，潘长玉，高妍，等. 奥利司他在中国超重或肥胖 2 型糖尿病患者中的疗效分析［J］. 中华内分泌代谢杂志，2004，20（5）：403-407.

［98］史轶蘩，陈名道. 从 JCEM 的特色思考 CJEM 的发展方向［J］. 中华内分泌代谢杂志，2005，21（4）：296-297.

［99］徐剑，史轶蘩. 生长激素、胰岛素样生长因子-1 与骨质疏松［J］. 基础医学与临床，2005，25（7）：598-601.

［100］胡明明，史轶蘩. 胃肠胰脂肪酶抑制剂对肥胖症患者胆囊运动功能的影响［J］. 中国医院用药评价与分析，2005，5（1）：47-49.

［101］伍学焱，茅江峰，李乃适，等. 男性性早熟临床特点分析［J］. 基础医学与临床，2007，27（5）：580-583.

［102］茅江峰，伍学焱，李乃适，等. 睾酮替代治疗改善性腺功能减退症青少年男性的胰岛素敏感性［J］. 中华医学杂志，2008，88（36）：2550-2552.

后 记

得益于"老科学家学术成长资料采集工程"的支持,史轶蘩院士的传记经过数年努力后终于得以完整成书。由于采集小组所有成员均是用业余时间从事这一浩大工程的,因此成书极为不易,也因此尚有不少遗憾之处。

本传记得以最终完成,得益于集体的努力和各界人士的帮助。项目负责人朱惠娟从2012年到2013年年底,主导访谈了金自孟、邓洁英、陆召麟、吴从愿、孙梅励、周学瀛、孙琦、高鑫、伍学焱、潘慧、朱惠娟、陈豉、甘小玑、徐石、徐谊等史轶蘩院士的同事、学生和家人,并整理了由史轶蘩院士的子女捐赠的她的各种遗物,包括手稿、读书笔记、信函等(其间史轶蘩院士于2013年2月13日病逝)。李乃适从2014年到2015年继续主导访谈了史轶漪、史轶芳、Alan G. Harris、陈家伟、林丽香、李光伟、荆运朴、关小宏、汤旭磊、陆小平、王华忠、黎明等人,并进一步整理了相关资料。尽管全书由李乃适负责写作,但采集小组的多位成员均提出了十分中肯的建议。本传记在完成过程得到了北京协和医院宣传处的大力支持,段文利处长与陈明雁处长均高度重视史大夫的史料整理与传记编纂工作。全部摄像工作由宣传处董琳完成,实物史料整理主要由马淑洁和马萍完成,大部分协调工作则由郭静和马淑洁完成。赵维纲教授一直支持并指导了许多工作。潘慧、龚凤英、王林杰也在史料收集与整理中作出了不少贡献。北京协和医院档案室为我们的工作提供了重要史料，内分泌科两任主任邢小平教授和夏维波教授也非常重视本传记，在多届协和临床内分泌代谢论坛上以各种形式展示了史轶蘩院士的学术贡献。北京协和医学院的医学生与研究生王诗尧、李佳宁、高晓星、林澄昱、辅容、阮菁、赵甜、马莹莹、潘周娴、胡慧颖、徐源等也付出了许多艰辛的劳动，才使本传记的资料基本完整。李圆梦在最终文字审校的工作中也作了不少贡献。

尽管如此，本传记仍然有诸多遗憾。例如，因为史轶蘩院士年事已高，并且长期强调集体的作用，很少提自己的贡献，加上她后来发声逐渐模糊，未能获得全面的传主自述的史料，殊为遗憾；由于史轶蘩院士的大学同学多已作古，而北京协和医学院因战乱等因素造成那一时期史轶蘩等人档案的遗失，因此本书在描写史轶蘩大学阶段的材料相对较单薄，希望在今后的研究中仍能有机会进一步充实史料。

总之，本传记的完成得到了许许多多师长和同事的帮助，在此一并表示感谢！另外，特别感谢赵玉沛名誉院长和张抒扬院长在百忙之中为本书作序。

此外，执笔者李乃适长达近半年的时间几乎每天熬夜至凌晨2点进行写作，在此感谢其家人的理解、宽容和支持。

最后，以李乃适在史轶蘩院士去世后写的挽诗作为结束语，以此表示大家对她这一生的景仰之情。

七律　挽吾师史轶蘩教授

噩耗甫临双泪流，百身何赎遍神州。

巴城负笈求闻道，素手先鞭展运筹。

一世悬壶内分泌，经年铸剑垂体瘤。

纵蒙玉帝加青眼，问疾归来盼旧游！

李乃适　朱惠娟　潘　慧

2024年8月

老科学家学术成长资料采集工程丛书
已出版（161种）

《卷舒开合任天真：何泽慧传》　　《此生情怀寄树草：张宏达传》
《从红壤到黄土：朱显谟传》　　　《梦里麦田是金黄：庄巧生传》
《山水人生：陈梦熊传》　　　　　《大音希声：应崇福传》
《做一辈子研究生：林为干传》　　《寻找地层深处的光：田在艺传》
《剑指苍穹：陈士橹传》　　　　　《举重若重：徐光宪传》

《情系山河：张光斗传》　　　　　《魂牵心系原子梦：钱三强传》
《金霉素·牛棚·生物固氮：沈善炯传》《往事皆烟：朱尊权传》
《胸怀大气：陶诗言传》　　　　　《智者乐水：林秉南传》
《本然化成：谢毓元传》　　　　　《远望情怀：许学彦传》
《一个共产党员的数学人生：谷超豪传》《没有盲区的天空：王越传》

《含章可贞：秦含章传》　　　　　《行有则　知无涯：罗沛霖传》
《精业济群：彭司勋传》　　　　　《为了孩子的明天：张金哲传》
《肝胆相照：吴孟超传》　　　　　《梦想成真：张树政传》
《新青胜蓝惟所盼：陆婉珍传》　　《情系梁菽：卢良恕传》
《核动力道路上的垦荒牛：彭士禄传》《笺草释木六十年：王文采传》

《探赜索隐　止于至善：蔡启瑞传》《妙手生花：张涤生传》
《碧空丹心：李敏华传》　　　　　《硅芯筑梦：王守武传》
《仁术宏愿：盛志勇传》　　　　　《云卷云舒：黄士松传》
《踏遍青山矿业新：裴荣富传》　　《让核技术接地气：陈子元传》
《求索军事医学之路：程天民传》　《论文写在大地上：徐锦堂传》

《一心向学：陈清如传》　　　　　《钤记：张兴钤传》
《许身为国最难忘：陈能宽传》　　《寻找沃土：赵其国传》

《钢锁苍龙　霸贯九州：方秦汉传》　　《虚怀若谷：黄维垣传》
《一丝一世界：郁铭芳传》　　　　　　《乐在图书山水间：常印佛传》
《宏才大略　科学人生：严东生传》　　《碧水丹心：刘建康传》

《我的气象生涯：陈学溶百岁自述》　　《我的教育人生：申泮文百岁自述》
《赤子丹心　中华之光：王大珩传》　　《阡陌舞者：曾德超传》
《根深方叶茂：唐有祺传》　　　　　　《妙手握奇珠：张丽珠传》
《大爱化作田间行：余松烈传》　　　　《追求卓越：郭慕孙传》
《格致桃李半公卿：沈克琦传》　　　　《走向奥维耶多：谢学锦传》
《躬行出真知：王守觉传》　　　　　　《绚丽多彩的光谱人生：黄本立传》
《草原之子：李博传》

《此生只为麦穗忙：刘大钧传》　　　　《探究河口　巡研海岸：陈吉余传》
《航空报国　杏坛追梦：范绪箕传》　　《胰岛素探秘者：张友尚传》
《聚变情怀终不改：李正武传》　　　　《一个人与一个系科：于同隐传》
《真善合美：蒋锡夔传》　　　　　　　《究脑穷源探细胞：陈宜张传》
《治水殆与禹同功：文伏波传》　　　　《星剑光芒射斗牛：赵伊君传》
《用生命谱写蓝色梦想：张炳炎传》　　《蓝天事业的垦荒人：屠基达传》
《远古生命的守望者：李星学传》

《善度事理的世纪师者：袁文伯传》　　《化作春泥：吴浩青传》
《"齿"生无悔：王翰章传》　　　　　　《低温王国拓荒人：洪朝生传》
《慢病毒疫苗的开拓者：沈荣显传》　　《苍穹大业赤子心：梁思礼传》
《殚思求火种　深情寄木铎：黄祖洽传》《仁者医心：陈灏珠传》
《合成之美：戴立信传》　　　　　　　《神乎其经：池志强传》
《誓言无声铸重器：黄旭华传》　　　　《种质资源总是情：董玉琛传》
《水运人生：刘济舟传》　　　　　　　《当油气遇见光明：翟光明传》
《在断了A弦的琴上奏出多复变　　　　《微纳世界中国芯：李志坚传》
　　最强音：陆启铿传》　　　　　　　《至纯至强之光：高伯龙传》

《弄潮儿向涛头立：张乾二传》
《一爆惊世建荣功：王方定传》
《轮轨丹心：沈志云传》
《继承与创新：五二三任务与青蒿素研发》

《淡泊致远　求真务实：郑维敏传》
《情系化学　返璞归真：徐晓白传》
《经纬乾坤：叶叔华传》
《山石磊落自成岩：王德滋传》
《但求深精新：陆熙炎传》
《聚焦星空：潘君骅传》

《逐梦"中国牌"心理学：周先庚传》
《情系花粉育株：胡含传》
《情系生态：孙儒泳传》
《此生惟愿济众生：韩济生传》
《谦以自牧：经福谦传》

《世事如棋　真心依旧：王世真传》
《大地情怀：刘更另传》
《一儒：石元春自传》
《玻璃丝通信终成真：赵梓森传》
《碧海青山：董海山传》

《追光：薛鸣球传》
《愿天下无甲肝：毛江森传》
《以澄净的心灵与远古对话：吴新智传》
《景行如人：徐如人传》

《材料人生：涂铭旌传》
《寻梦衣被天下：梅自强传》
《海潮逐浪　镜水周回：童秉纲口述人生》

《采数学之美为吾美：周毓麟传》
《神经药理学王国的"夸父"：金国章传》
《情系生物膜：杨福愉传》
《敬事而信：熊远著传》

《恬淡人生：夏培肃传》
《我的配角人生：钟世镇自述》
《大气人生：王文兴传》
《历尽磨难的闪光人生：傅依备传》
《思地虑粮六十载：朱兆良传》

《心瓣探微：康振黄传》
《寄情水际砂石间：李庆忠传》
《美玉如斯　沉积人生：刘宝珺传》
《铸核控核两相宜：宋家树传》
《驯火育英才　调土绿神州：徐旭常传》

《通信科教　乐在其中：李乐民传》
《力学笃行：钱令希传》
《与肿瘤相识　与衰老同行：童坦君传》

《没有勋章的功臣：杨承宗传》　　　《科学人文总相宜：杨叔子传》

《百年耕耘：金善宝传》　　　　　　《一生情缘植物学：吴征镒传》
《耕海踏浪谱华章：文圣常传》　　　《一腔报国志　湿法开金石：
《守护女性生殖健康：肖碧莲传》　　　　　陈家镛传》
《心之历程：夏求明传》　　　　　　《"卓"越人生：卓仁禧传》
《仰望星空：陆埮传》　　　　　　　《步行者：闻玉梅传》
《拥抱海洋：王颖传》　　　　　　　《潜心控制的拓荒人：黄琳传》
《爆轰人生：朱建士传》

《献身祖国大农业：戴松恩传》　　　《一位"总总师"的航天人生：
《中国铁路电气化奠基人：曹建猷传》　　　任新民传》
《一生一事一方舟：顾方舟传》　　　《扎根大地　仰望苍穹：
《科迷烟云：胡皆汉传》　　　　　　　　　俞鸿儒传》
《寻找黑夜之眼：周立伟传》　　　　《锻造国防"千里眼"：毛二可传》
《泽润大地：许厚泽传》　　　　　　《地学"金钉子"：殷鸿福传》